Walter Robert-Tornow

Goethe in Heines Werken

Robert-Tornow, Walter

Goethe in Heines Werken

ISBN: 978-3-86741-345-9

Auflage: 1
Erscheinungsjahr: 2010
Erscheinungsort: Bremen, Deutschland

© Europäischer Hochschulverlag GmbH & Co KG, Fahrenheitstr. 1, 28359 Bremen (www.eh-verlag.de). Alle Rechte beim Verlag und bei den jeweiligen Lizenzgebern.

Bei diesem Titel handelt es sich um den Nachdruck eines historischen, lange vergriffenen Buches aus dem Verlag Haude- und Spener'sche Buchhandlung, Berlin (1883). Da elektronische Druckvorlagen für diese Titel nicht existieren, musste auf alte Vorlagen zurückgegriffen werden. Hieraus zwangsläufig resultierende Qualitätsverluste bitten wir zu entschuldigen.

Goethe

in

Heine's Werken

dargestellt

Walter Robert-tornow.

———◇◇◇◇❀◇◇◇◇———

BERLIN 1883.

Haude- & Spener'sche Buchhandlung.

(F. Weidling.)

Dessauer-Strasse 34a.

GEORG BÜCHMANN

IN VEREHRENDER FREUNDSCHAFT

GEWIDMET.

Julius W. Braun's lehrreiche Kritikensammlung „Goethe im Urtheile seiner Zeitgenossen" erstreckt sich nur bis zum Jahre 1812. Die nachfolgende Untersuchung dessen, was in Heinrich Heine's Werken auf Goethe Bezug nimmt, mag eines Theils als ein Supplement zu Braun's Forschung angesehen werden; anderen Theils aber zeigt sie, welchen Einfluss Goethe's Wesen und Wirken auf den einzigen deutschen Lyriker hatte, der nach ihm zur Weltberühmtheit emporstieg, und wie kühl sich Goethe gegen diesen neuen Stern verhielt.

Alles Dieses wäre zwar für Jedermann aus Heine's Schriften und Briefen ersichtlich; da jedoch die betreffenden Stellen über zweiundzwanzig Bände*) zerstreut sind, so verlohnte es sich wohl, sie nach ihrer Entstehungszeit im Zusammenhang zu betrachten. —

Schon im frühen Jünglingsalter, als Siebzehnjährigen, finden wir Heine von Goethe's Dichterwort tief berührt. In der Hamburger Kaufmannswelt erstickend und in aussichtsloser Liebe befangen, klagt er (27. 10. 1816) XIX, 13. dem Freunde Christian Sethe, wie Tasso dem Antonio:

---

*) Heinrich Heine's sämmtliche Werke. Hamburg. Hoffmann und Campe 1876. Herausgegeben von Ad. Strodtmann. Die Ziffern am Rande weisen auf Band- und Seitenzahl dieser Ausgabe hin.

„Alles ist dahin! Nur eines bleibt:
Die Thräne hat uns die Natur verliehen,
Der Schrey des Schmerzes, wenn der Mann zuletzt
Es nicht mehr trägt — Und mir noch über Alles —
Sie liess im Schmerz mir Melodie und Rede,
Die tiefste Fülle meiner Noth zu klagen:
Und wenn der Mensch in seiner Qual verstummt,
Gab mir ein Gott, zu sagen wie ich leide."

Der Dichter war in ihm erwacht, die Muse ihm eine „tröstende Freundin" geworden, er hielt Umschau auf dem deutschen Parnass und erkannte bald Goethe's Gestalt als die Alle überragende heraus, denn er singt in Erinnerung an seinen kurzen, unerfreulichen Aufenthalt

XV, 283. in der Reichsstadt („Zu dem Romanzero" 1817—21):

„Frankfurt, du hegst viel Narren und Bösewichter,
Doch lieb' ich dich, du gabst dem deutschen Land
Manch guten Kaiser und den besten Dichter . . ."

Bei solcher Bewunderung kann es nicht fehlen, dass uns Goethe'sche Klänge aus den Gedichten des jugendlichen Heine entgegentönen. In „junge Leiden" (1817—21) findet sich der Anklang an den „Zauber-

XV, 25. lehrling":

„Das zähmende Sprüchlein vom Meister
Vergass ich vor Schauer und Graus;
Nun ziehn die eignen Geister
Mich selber ins neblichte Haus . . ."

und die Erinnerung an den „Faust":

XV, 81. „Mephisto hat die Freude mir verleidet."

Eine Travestie des Mignonliedes lacht hervor aus einem Brief (15. 7. 1820) an den Universitätsfreund

XIX, 18. Fritz von Beughem:

„Mein Fritz lebt nun im Vaterland der Schinken,
Im Zauberland, wo Schweinebohnen blühen,
Im dunkeln Ofen Pumpernickel glühen, u. s. w.

wobei für Leute, die keinen Spass verstehen, bemerkt sei, dass Heine gerade das Mignonlied entzückt in seinem „Italien" (1828—9) anführt, indem er fragt: II, 114. „Kennst du das Lied? Ganz Italien ist darin geschildert, aber mit den seufzenden Farben der Sehnsucht"; und so noch einmal in Shakespeare's „Mädchen und Frauen" (1838), wo er von Julia spricht. Nur den Gegensatz zwischen Westphalen und Italien wollen also jene Scherzverse treffen, nicht Goethe, den Heine damals noch durchaus verehrte.

Er vergleicht ihn, den Vielseitigen, Gewaltigen, XV, 298. („Zu den Sonetten". 1817—21) mit Michelangelo, indem er „Egmont" und „Faust" hervorhebt, und stellt ihn, freilich weniger glücklich, mit A. W. v. Schlegel XII. 18. zusammen („Die Romantik". 1820), weil diese „unsere zwei grössten Romantiker zu gleicher Zeit auch unsere grössten Plastiker" seien, denn: „in Goethe's „Faust" und Liedern sind dieselben reinen Umrisse, wie in der „Iphigenie", in „Hermann und Dorothea", in den Elegien u. s. w.; und in den romantischen Dichtungen Schlegel's sind dieselben sicher und bestimmt gezeichneten Kontouren, wie in dessen wahrhaft plastischem „Rom". —"

Im folgenden Jahre setzt Heine in der Besprechung von „Tasso's Tod von Wilh. Smets. 1821" auseinander, XII, 227. dass die Griechen nur Handlungen und Leidenschaften, Shakespeare zuerst und dann Lessing Handlungen, Leidenschaften und Charaktere in ihren Tragödien darstellten, und dass Goethe der Erste gewesen sei, „der das Signal zu blossen Charakterschilderungen gab." „Er gab sogar auch", fährt er fort, „das Signal zu Charakterschilderungen einer bestimmten

Klasse Menschen, nämlich der Künstler. Auf seinen Tasso folgte Oehlenschläger's „Correggio", und diesem wieder eine Anzahl ähnlicher Tragödien."

XIX, 43-4-5. Aus Göttingen empfiehlt Heine dem dichtenden Fr. Steinmann (4. 2. 1821): „Streng sei gegen dich selbst", wie „der persische Goethe", „der herrliche Saadi", so „lieblich singt", und weist auf den gemeinsamen Freund Funck hin: „Er hat mit sichtbarem Vortheil seinen Goethe gelesen, und weiss ziemlich gut, was schön ist." Auch tröstet er sich ebenda über die Ablehnung seiner ersten Gedichtsammlung durch den Verleger Brockhaus mit den Worten: „Ich will jetzt sehen, dass ich sie irgend anders unterbringe. Es ist dem grossen Goethe eben so gegangen mit seinem ersten Produkt."

XIII, 53-4. In den „Briefen aus Berlin" (1822) vergleicht sich Heine in Empörung über die immerfort erklingende Jungfernkranzmelodie aus Weber's „Freischütz" mit dem Britten aus Goethe's „Elegien", den das Marlboroughlied verfolgt.

Ebenda beklagt er, wie undankbar Deutschland, verglichen mit England, gegen seine grossen Dichter sei. Nur „die Verehrung, die man hier dem Namen Goethe zollt, — der deutsche Dichter, von dem man hier am meisten spricht", mache eine Ausnahme; „aber Hand auf's Herz", ruft er aus, „mag das feine, weltkluge Betragen unseres Goethe nicht das Meiste dazu beigetragen haben, dass seine äussere Stellung so glänzend ist und dass er in so hohem Maasse die Affektion unserer Grossen geniesst? Fern sei es von mir, den alten Herrn eines kleinlichen Charakters zu zeihen. Goethe ist ein grosser Mann in einem seidnen

Rock." Als Beispiel dafür erzählt Heine, wie Goethe jüngst die ihm zugedachte Ehre eines Monuments in Frankfurt mit der Erklärung, er sei gar kein Frankfurter, und mit der Zurücksendung des Bürgerdiploms abgewiesen habe, und freudig schaltet er sein Sonett auf Goethe ein, in dem es heisst:

„O lasst dem Dichter seine Lorbeerreiser,
Ihr Handelsherrn! Behaltet euer Geld,
Ein Denkmal hat sich Goethe selbst gesetzt ..."*)

Jene „Briefe aus Berlin" (ersch. im Rhein.-westph. Anzeig.) entstammen einer Zeit, in der Heine noch harmlos und lenkbar war. So riss ihn damals der Verkehr im Varnhagen'schen Hause, wo der Goethecult blühte, zu erhöhter Bewunderung des „Altmeisters" hin. Er berichtet, man habe Varnhagen von Ense XIII, 121. für den Verfasser der „falschen Wanderjahre" des Dr. Pustkuchen gehalten, und meint, dies sei von Jenem „sehr unwahrscheinlich, da er zu den grössten Verehrern Goethe's gehört und Goethe sogar in seinem letzten Heft der Zeitschrift „Kunst und Alterthum am Rhein" selbst erklärte, dass Varnhagen ihn tief begriffen und ihn oft über sich selbst belehrt habe." Und nun ruft Heine begeistert aus: „Wahrlich nächst dem Gefühle Goethe selbst zu sein, kenne ich kein schöneres Gefühl, als wenn Einem Goethe, der Mann, der auf der Höhe des Zeitalters steht, ein solches Zeugniss giebt". Leider sollte er an sich selbst dieses

---

*) S. Goethe „Zahme Xenien" VI.:
„Zu Goethe's Denkmal was zahlst du jetzt?"
Fragt dieser, jener und der. —
Hätt' ich mir nicht selbst ein Denkmal gesetzt,
Das Denkmal wo käm' es denn her?"

Glück nicht erleben, und der Rückschlag war um so heftiger, je brennender der Wunsch danach gewesen. Weiterhin theilt Heine mit, man spräche in Berlin über den „deutschen Gil-Blas, den Goethe vor vier Wochen herausgegeben. Das Buch ist von einem ehemaligen Bedienten geschrieben. Goethe hat es durchgefeilt und mit einer sehr merkwürdigen Vorrede begleitet.*) Auch hat der kräftige Greis, der Ali Pascha unserer Literatur" (so nennt er ihn wegen seiner vielen Triumphe, die er, wie Ali, der Held jener Zeit, aufweisen konnte und wegen der dadurch errungenen Machtstellung) „wiederum einen Theil seiner Lebensgeschichte herausgegeben. Diese wird, sobald sie vollständig ist, eines der merkwürdigsten Werke bilden, gleichsam ein grosses Zeitepos. Denn diese Selbstbiographie ist auch die Biographie der Zeit. Goethe schildert meistens letztere und wie sie auf ihn einwirkt; statt dass andere Selbstbiographen, z. B. Rousseau, bloss ihre leidige Subjektivität im Auge hatten. Ein Theil von Goethe's Biographie wird aber erst nach seinem Tode erscheinen, da er alle seine weimarschen Verhältnisse, und besonders die, welche den Grossherzog betreffen, darin bespricht."

Ferner vertheidigt Heine dort scherzhaft den anstössigen Titel E. T. A. Hoffmann's „Meister Floh" mit dem Hinweis auf Goethe's Liedchen im „Faust":

---

*) „Der deutsche Gil-Blas, eingeführt von Goethe. Oder Leben, Wanderungen und Schicksale Johann Christoph Sachse's, eines Thüringers. Von ihm selbst verfasst, Stuttgart und Tübingen. In der J. G. Cotta'schen Buchhandlung. 1822. 8." — Goethe's Vorwort (vom 8. April 1822) findet sich nebst dessen Nekrolog auf Sachse im XX. B. der 1840 ges. Werke.

„Es war einmal ein König,
Der hatt' einen grossen Floh."

Nur an einer Stelle der „Briefe aus Berlin" wird XIII, 151. Goethe stillschweigends hintangesetzt, wo nämlich Heine „jene von uns Deutschen am meisten erstrebte und von unseren edelsten Volkssprechern Lessing, Herder, Schiller u. s. w. am schönsten ausgesprochene allgemeine Menschenverbrüderung" preist. Ebenso auffallend fehlt Goethe's Name in einem gleichzeitigen Brief an Sethe (14. 4. 1822), wo Heine als sein Liebstes auf der Welt nennt: „eine olla Potrida von: Familie, Wahrheit, XIX, 49. französische Revolution, Menschenrechte" und an die Letzteren wieder nur die Namen „Lessing, Herder, Schiller u. s. w." fügt. Es wird sich weiter unten finden, dass Heine diesen stummen, hier nicht böse gemeinten Tadel noch recht oft mit lautem Unwillen geäussert hat. Die angeführten Stellen sind besonders werthvoll als ein Nachweis, dass Heine, ehe sich persönlicher Groll in sein Herz schlich, schon den Punkt angedeutet hat, wo er Goethen keine Bewunderung zollen konnte. Auch die Versicherung an Immermann XIX, 56. (24. 12. 1822), dass er ihn „nächst Oehlenschläger (für den besten jetzt lebenden Dramatiker halte (denn Goethe ist todt!)" darf nicht als böse Meinung aufgefasst werden, sondern höchstens als Unkenntniss über die Schaffenskraft des greisen Dichters.

Heine ist im Uebrigen durchaus Goetheschwärmer in jener Berliner Zeit.

In einem Briefe an Immermann (10. 4. 1823) XIX, 87. citirt er Goethe's „Willst du immer weiter schweifen?" (aus dem Gedächtniss, da er „ewig ferne" schreibt) und meint dabei: „Es hat lange gedauert, bis ich den

Meistervers begreifen konnte." Und ebenda sagt er gelegentlich von Immermann's Feldzug gegen Pustkuchens falsche Wanderjahre: „früh oder spät werden Sie doch meine Stimme hören, in Paris, wo jetzt Liebe für deutsche Literatur, besonders für Goethe auftaucht, gedenke ich, das Meinige zu thun"; ein Versprechen, das trotz aller Zwischenfälle vollauf erfüllt wurde.

An denselben ehrlich bewunderten Freund schreibt
XIX, 116. Heine aus Lüneburg (10. 6. 1823): „Pfennigskritiker" hätten Immermann bald für Shakespeare's bald für Goethe's Nachahmer gehalten. Wirklich habe er aber mehr Aehnlichkeit mit Goethe als mit Shakespeare, „weil dieser nur in einer Form, in der dramatischen*), Jener in allen möglichen Formen, im Drama, im Roman, im Lied, im Epos, ja sogar im nackten Begriff seine grosse Weltanschauung künstlerisch darstellen
XIX, 119. konnte." Schliesslich theilt er mit: „Herr von Varnhagen ist mit der Kompilation eines Buches beschäftigt, das Goethe betrifft." Es war dies die Schrift „Goethe in den Zeugnissen der Mitlebenden" (Berl. 1823), für
XIX. 120. welche Heine (17. 6. 1823) an Varnhagen „den versprochenen Aufsatz" mit der Bitte sendet, den „dumpfen,

---

*) Shakespeare's Uebergewicht als Dramendichter betonte Heine auch anderwärts (vergl. 1837 seine „Einleitung zum Don Quixote" XIV., 133) und er schildert dessen Triumphzug durch Deutschland in Shakespeare's „Mädchen und Frauen" (1837 III., 180) folgendermassen: (Lessing, Wieland, Herder begeisterten Deutschland für Shakespeare) . . . „Auch Goethe huldigte ihm mit grossem Trompetentusch; kurz, es war eine glänzende Reihe von Königen, welche Einer nach dem Anderen ihre Stimme in die Urne warfen, und den William Shakespeare zum Kaiser der Literatur erwählten."

breiten Bilder- und Ideenwirrwarr" mit seinem Kopfleiden zu entschuldigen, eine Plage, die schon damals sein Leben verdüsterte und ihn am angestrengten Arbeiten hinderte. In der Abrundung des Stils, die er selbst an seinem Aufsatz vermisste, konnte sich Heine nie genug thun und gerade die „Goethe'sche Sprache" bewunderte er am meisten, sie war ihm das höchste Vorbild. So eifert er gegen den Freund Zunz über dessen „Zeitschrift für die Wissenschaft des Judenthums" (27. 6. 1823): „drei Viertel des dritten Heftes XIX, 140. ist ungeniessbar wegen der verwahrlosten Form. Ich will keine Goethische Sprache, aber eine verständliche"; und er gesteht bescheiden dem Freunde Moser (23. 8. 1823): „Mein Aufsatz über Goethe ist nicht XIX, 153. gedruckt, Varnhagen sagt, er sei zu spät gekommen, ich glaube aber, er hat ihm nicht gefallen."

Varnhagen war mit Heine in Hamburg zusammengetroffen und berichtet (18. 7. 1823) seiner Gattin, die den jungen Dichter zu fördern suchte: „Ich habe Ernstes mit ihm gesprochen." Rahel wiederum schreibt (20. 7. 1823): „Ernst hat der nöthig, aber keinen Mund, ihn zu verschlucken"; und (24. 7. 1823): „Heine muss wesentlich werden und sollte er Prügel haben." „Mensch, werde wesentlich!"*) Vielleicht trug der ungenügende Aufsatz über Goethe zu dieser Stimmung gegen Heine bei. Gerade über Goethe'sche Schreibweise hatte er in Berlin mit Rahel „fast täglich die fruchtbarsten Debatten" geführt und sie hatte ihn XII, 9.

---

*) Citat aus Angelus Silesius. „Auszüge und Bemerkungen von Rahel" (aus und über Angelus und St. Martin) her. von K. A. Varnhagen von Ense. Dritte vermehrte Auflage. Berlin 1849, s. S. 40.

zu ernstem Goethestudium angetrieben. Darum meldet er aus Lüneburg hochbefriedigt an Rahel's Bruder, Ludwig Robert(-tornow) (27. 11. 1823):

„Sie können kaum glauben, wie artig ich mich jetzt gegen Frau von Varnhagen betrage, — ich habe jetzt, bis auf eine Kleinigkeit, den ganzen Goethe gelesen!!! Ich bin jetzt kein blinder Heide mehr, sondern ein sehender. Goethe gefällt mir sehr gut." Und ferner, ohne Groll wegen der Zurückweisung seines Aufsatzes: „Varnhagen's Zusammenstellung über Goethe hab' ich zu Gesicht bekommen; es ist ein literarischer Triumphbogen. Das Wort: „Ich bin ihr jetzt unter Brüdern 6000 Thlr. mehr werth", ist das Beste, was ich je gesagt habe.*) Von Friederike**) fand ich Manches, was ich mir gern schenken liesse. Ich hab' auch — Prof. Schütz' dickes Buch über Goethe und Pustkuchen durchblättert; ich musste gleich die Fenster öffnen, des fatalen Geruchs wegen. Die Schrift von Eckermann***) hab' ich soeben erhalten. Ach! wie gern möcht' ich den Goethe'schen Befreiungskrieg mitmachen als freiwilliger Jäger, aber ich stehe bis am Hals im Moraste römischer Gesetze."

Es finden sich denn auch in Heine's Liedern aus jener Zeit die Spuren seiner Beschäftigung mit Goethe. So bieten in der „Heimkehr" (1823—1824) die Verse:

---

*) Ganz ähnlich hatte schon Prinz Louis Ferdinand bemerkt: er sei, nun er Goethe bewundere, Rahel'n „gewiss unter Brüdern 3000 Thlr. mehr werth", s. „Galerie von Bildnissen aus Rahel's Umgang und Briefwechsel". Herausgegeben von K. A. Varnhagen von Ense. Leipzig 1836. Thl. I., S. 278.

**) Rahel's Briefe waren „Friederike" unterzeichnet.

***) „Beiträge zur Poesie, mit besonderer Hinweisung auf Goethe" Stuttg. 1823.

„Der Nebel stieg, das Wasser schwoll,
Die Möve flog hin und wieder,
Aus deinen Augen liebevoll
Fielen die Thränen nieder"

einen Anklang an den Beginn und den Schluss von Goethe's „Fischer", und in dem Liede „Du hast Diamanten und Perlen" führt Heine, wie Goethe in seinem „Nachtgesang", den Reim auf

XV, 165.

„Was willst du mehr?"

durch — —.

Das anhaltende Arbeiten für sein Doktorexamen verschlimmerte Heine's Kopfleiden, die Aerzte riethen ihm Fussreisen an und er benutzte die Herbstferien des Jahres 1824 zu einer vierwöchentlichen Wanderung von Göttingen über Eisleben, Halle, Jena, Weimar, Erfurt, Gotha, Eisenach und Kassel nach Göttingen zurück, ein Ausflug, dem wir das munterste Kind seiner Laune „Die Harzreise" verdanken. Das wichtigste Begegniss auf jener Reise, sein Besuch bei Goethe in Weimar, hat aber keine Stelle darin gefunden, weil es zu den unerquicklichen Eindrücken gehörte, die erst verwunden sein wollen. Zurückgekehrt, schreibt er an Moser in Berlin (25. 10. 1824):

XIX, 249.

„Ich habe das neue Kunst- und Alterthumheft gelesen. Wir leben in fürchterlichen Zeiten. Wenn du den Beer siehst, so frage ihn, was Schlegel macht? Denn ich setze voraus, dass er diesem vielfach empfohlen war, eben so wie dem grossen Goethe..." „Ich war in Weimar, es giebt dort sehr gutes Bier..." (und weiterhin in demselben Briefe noch einmal, ohne von Goethe zu erzählen): „Ich war in Weimar; es giebt dort auch guten Gänsebraten"... (und zum Schluss abermals): „Das

Bier in Weimar ist wirklich gut, mündlich mehr darüber."

Offenbar war Heine mit Goethe etwas passirt, was ihn ärgerte, und dies war im Wesentlichen nichts Anderes, als dass er sich dem Olympier gegenüber sehr irdisch vorkam.*) In dem nächsten Brief an den Freund, fünf Tage später (30. 10. 1824), schweigt er über Goethe gänzlich, dann aber am 11. Januar 1825 heisst es bezeichnend genug:

XIX. 254-5.

„Ach Gott, ich habe die Entdeckung gemacht: alle Leute in Deutschland sind Genies, und ich, just ich, bin der Einzige, der kein Genie ist . . ." „Um ein poetisches Genie zu sein, muss man erst das Talent dazu haben. Das ist der letzte Grund der Goethe'schen Grösse. Das ist der letzte Grund, warum so viel' Dichter zu Grunde gehen; z. B. ich!"

Moser scheint nun stark in Heine gedrungen zu sein, ihm doch Näheres über Goethe mitzutheilen, denn dieser antwortet endlich (1. 7. 1825) etwas ungeduldig:

XIX, 290-1.

„Dass ich dir von Goethe Nichts geschrieben, und wie ich ihn in Weimar gesprochen, und wie er mir recht viel Freundliches und Herablassendes" (da steckt der Hauptärger!) „gesagt, daran hast du nichts verloren. Er ist nur noch das Gebäude, worin einst Herrliches geblüht, und nur Das war's, was mich an ihm interessirte. Er hat ein wehmüthiges Gefühl in mir erregt, und er ist mir lieber geworden, seit ich ihn bemitleide." (Selbsttäuschung!) „Im Grunde aber sind ich und Goethe zwei Naturen, die sich in ihrer

---

*) Das Gespräch zwischen Goethe und Heine, welches des Letzteren Schwestertochter, die Fürstin della Rocca, in ihren „Erinnerungen an Heinrich Heine" (Hamburg 1881, S. 64) mittheilt, wird wohl Niemand für glaublich halten mögen.

Heterogenität abstossen müssen. Er ist von Haus aus ein leichter Lebemensch, dem der Lebensgenuss das Höchste, und der das Leben für und in der Idee wohl zuweilen fühlt und ahnt, und in Gedichten ausspricht, aber nie tief begriffen und noch weniger gelebt hat." (Der junge Strudelkopf begriff nicht das Maassvolle des damaligen Goethe, der die Welt Welt sein liess und, jedem Umsturz abhold, dem Staatsleben fern, Kunst und Wissenschaft bedächtig-rastlos förderte und also erst recht ein „Leben in der Idee und für die Idee" lebte, wenngleich diese nicht gerade die Idee der Zeit war.) „Ich hingegen bin von Haus aus ein Schwärmer, d. h. bis zur Aufopferung begeistert für die Idee, und immer gedrängt, in dieselbe mich zu versenken, dagegen aber habe ich den Lebensgenuss begriffen und Gefallen daran gefunden, und nun ist in mir der grosse Kampf zwischen meiner klaren Vernünftigkeit, die den Lebensgenuss billigt und alle aufopfernde Begeisterung als etwas Thörichtes ablehnt, und zwischen meiner schwärmerischen Neigung, die oft unversehens aufschiesst, und mich gewaltsam ergreift, und mich vielleicht einst wieder in ihr uraltes Reich hinabzieht, wenn es nicht besser ist zu sagen: hinaufzieht; denn es ist noch die grosse Frage, ob ein Schwärmer, der selbst sein Leben für die Idee hingiebt, nicht in einem Momente mehr und glücklicher lebt, als Herr von Goethe während seines ganzen sechsundsiebzigjährigen egoistisch behaglichen Lebens."

Man spürt, wie abkühlend bis zur Verkennung die „herablassende Freundlichkeit" Goethe's auf den Empfindlichen gewirkt hatte, und wie der Betroffene sich dadurch aus der Verlegenheit zu ziehen sucht, dass er den Gegensatz der Naturen zu seinem Vortheil deutet. Aber es darf nicht übersehen werden, dass Heine in späteren Auslassungen oft die Glanzseiten des Dichterfürsten mit aufrichtiger Begeisterung pries. Auch sein Besuch bei Goethe erhält in der „romantischen Schule" (1833) eine ganz andere Beleuchtung, als sie die erste Verstimmung ihm eingab. Neben allem Scherz findet er den Ton echter Bewunderung und weiss sich selbst wegen seiner Verdutztheit im Gespräch mit Goethe anmuthig zu verspotten. Es heisst dort:

„.. die Uebereinstimmung der Persönlichkeit mit dem Genius, wie man sie bei ausserordentlichen Menschen verlangt, fand man ganz bei Goethe. Seine äussere Erscheinung war ebenso bedeutsam wie das Wort, das in seinen Schriften lebte; auch seine Gestalt war harmonisch, klar, freudig, edel gemessen, und man konnte griechische Kunst an ihm studiren, wie an einer Antike. Dieser würdevolle Leib war nie gekrümmt von christlicher Wurmdemuth; die Züge dieses Antlitzes waren nicht verzerrt von christlicher Zerknirschung; diese Augen waren nicht christlich-sünderhaft scheu, nicht andächtelnd und himmelnd, nicht flimmernd bewegt; — nein, seine Augen waren ruhig wie die eines Gottes." . . . . „Goethe's Auge blieb in seinem hohen Alter ebenso göttlich wie in seiner Jugend. Die Zeit hat auch sein Haupt zwar mit Schnee bedecken, aber nicht beugen können. Er trug es ebenfalls immer stolz und hoch, und wenn er sprach, wurde er immer grösser, und wenn er die Hand ausstreckte, so war es, als ob er mit dem Finger den Sternen am Himmel den Weg vorschreiben könne, den sie wandeln sollten. Um seinen Mund will man

einen kalten Zug von Egoismus bemerkt haben, aber auch dieser Zug ist den ewigen Göttern eigen, und zwar dem Vater der Götter, dem grossen Jupiter"...
.... „Wahrlich, als ich ihn in Weimar besuchte, und ihm gegenüberstand, blickte ich unwillkürlich zur Seite, ob ich nicht auch neben ihm den Adler sähe mit den Blitzen im Schnabel. Ich war nahe daran ihn griechich anzureden, da ich aber merkte, dass er Deutsch verstand,*) so erzählte ich ihm auf Deutsch, dass die Pflaumen auf dem Wege zwischen Jena und Weimar sehr gut schmeckten.**) Ich hatte in so manchen langen Winternächten darüber nachgedacht, wie viel Erhabenes und Tiefsinniges ich dem Goethe sagen würde, wenn ich ihn mal sähe. Und als ich ihn endlich sah, sagte ich ihm, dass die sächsischen Pflaumen sehr gut schmeckten. Und Goethe lächelte. Er lächelte mit denselben Lippen, womit er einst die schöne Leda, die Europa, die Danae, die Semele und so manche andere Prinzessinnen oder auch gewöhnliche Nymphen geküsst hatte. — — Les dieux s'en vont. Goethe ist todt."

Die Missstimmung Heine's gegen Goethe kam öffentlich erst zum Durchbruch, als dessen Tadel ihm hinterbracht wurde, und sie schwand fast ganz, wie aus der eben angeführten Stelle ersichtlich, nach Goethe's Tode. In der „Harzreise", die bald nach dem Besuch in Weimar niedergeschrieben wurde, ist

---

*) Ueber Goethe's Sprechweise bemerkt Heine, dass er „den heimathlichen Dialekt nie ganz verleugnen konnte". Vergl. „Ueber Ludwig Börne" (1840) XII., 31.

**) Die Pflaumenbaumallee zwischen Jena und Weimar lobt Heine schon einmal VI., 68.

nicht nur jeder Ausfall vermieden, sondern Goethe's mehrfach anerkennend gedacht.

Es heisst dort: „Wie tief das Goethe'sche Wort in's Leben des Volkes gedrungen, bemerkte ich auch hier. Mein dünner Weggenosse*) trillerte... zuweilen vor sich hin: „Leidvoll und freudvoll, Gedanken sind frei!" Solche Korruption des Textes ist beim Volke etwas Gewöhnliches. Er sang auch ein Lied,**) wo „Lottchen bei dem Grabe ihres Werther's trauert".

Ferner spricht Heine dort von den „hübschen Faustbildern des Meister Retzsch" und kann sich bei der Brockenbesteigung „nicht erwehren, an die ergötzlichen Blocksberggeschichten zu denken und besonders an die grosse mystische Nationaltragödie vom Doktor Faust."

Nur gegen Moser hatte Heine sein Herz über den Zwiespalt zwischen seinem und Goethe's Wesen ausgeschüttet (s. oben). An Immermann schreibt er aus Göttingen (24. 2. 1825):

„Ihren „Neuen Pygmalion" habe ich ebenfalls gelesen. Ich möchte ungefähr dasselbe darüber aussprechen, was der tolle Engländer dem Goethe in Neapel auf der Treppe über den „Werther" gesagt hat, nämlich: „Das Buch gefällt mir nicht, aber ich begreife nicht, wie es möglich war, es zu schreiben."***)

---

*) Der vermeintliche Schneidergeselle. Siehe Heine's Leben v. Strodtmann. 1876, Thl. I., S. 340.

**) Jenes Lied war das v. Reitzenstein'sche „Lotte bey Werther's Grab" (Wahlheim 1775), was anfängt:

„Ausgelitten hast du — ausgerungen....." (s. „Goethe im Urtheile seiner Zeitgenossen" von Julius W. Braun. Berlin 1883. Bd. I., S. 112.)

***) Bei Goethe („ital. Reise". Neap. 22. 5. 1787) lautet die von Heine aus dem Gedächtniss angeführte Stelle: „Ich

Die Spitze dieser Bemerkung richtet sich nur gegen Immermann's „Pygmalion". Ueber den Besuch in Weimar schweigt er. Auch Varnhagen's und Robert's hören Nichts. darüber von ihm, wohl weil er sich damals noch scheute, die engere Goethegemeinde in Berlin zu erzürnen. Goedeke („Grundriss" 1881, III., 450) folgert hingegen wundersamerweise aus Heine's Stillschweigen Varnhagen gegenüber, dass die Erwähnung des Besuches in dem Briefe an Moser „poetische Fiktion" sei. Wozu denn wohl? Um sich wichtig zu machen? Dann hätte ein so reicher Geist, wie Heine, doch ganz andere Dinge erfinden können, als dass Goethe „viel Freundliches und Herablassendes" zu ihm sagte. Das Letztere, worüber er sich augenscheinlich ärgert, ebenso wie über seine eigene Befangenheit, die ihn nur Unbedeutendes hervorstottern liess, spricht deutlich für die Thatsächlichkeit der Begegnung.

Das drückende Gefühl „kein Genie" zu sein, wie Goethe und Andere, wurde gelindert, als Heine nach bestandenem Doktorexamen dem Freunde Moser melden konnte (Göttingen, 22. 7. 1825), dass der Dekan XIX, 299. Hugo ihn mit Goethe verglichen und seine Verse den Goethe'schen an die Seite gesetzt habe. Er wurde gleichmüthiger durch diese öffentliche Anerkennung und Goethe gegenüber ganz unbefangen.

In „Norderney" (1826) weist er schalkhaft auf I, 134. jene „materialistisch-mystischen Gesetze" hin, „die Goethe in den Wahlverwandtschaften so schön ent-

---

will nicht wiederholen, was Sie von Tausenden gehört, auch hat das Werk nicht so heftig auf mich gewirkt als auf andere; so oft ich aber daran denke, was dazu gehörte um es zu schreiben, so muss ich mich immer auf's Neue verwundern."

wickelt", da es ihm scheinen will, als kämen dort die Kinder „mit badegästlichen Gesichtern zur Welt".

I, 137-8. Weiterhin erzählt er, er sei nicht in die Norderneyer Kirche gegangen, da ihm vor der Thür eine „Stelle aus Goethe's Faust in den Kopf kam, wo Dieser mit dem Mephistopheles bei einem Kreuz vorübergeht und ihn fragt:

„Mephisto, hast du Eil'?
Was schlägst vorm Kreuz die Augen nieder?"

Und worauf Mephistopheles antwortet:

„Ich weiss es wohl, es ist ein Vorurtheil;
Allein es ist mir mal zuwider." —

„Diese Verse", fügt der seltsame Proselyt hinzu, „sind, so viel ich weiss, in keiner Ausgabe des Faust gedruckt, und blos der selige Hofrath Moritz, der sie aus Goethe's Manuscript kannte, theilte sie mit in seinem „Philipp Reiser" . . ."*)

Heine erzählt dann wie Moritz's Romanheld gern Goethe's Diener werden möchte, um nur in seiner Nähe weilen zu dürfen, und ruft aus:

„Wunderbar! damals schon erregte Goethe eine solche Begeisterung, und doch ist erst unser drittes nachwachsendes Geschlecht im Stande, seine wahre Grösse zu begreifen."

„Aber dieses Geschlecht hat auch Menschen hervorgebracht . . . die das Leben verleumden . . .; diese Menschen haben einen Tugendpöbel um sich versammelt, und predigen ihm das Kreuz gegen den

---

*) S. „Anton Reiser. Ein psychologischer Roman" (von Moritz). 5. Theil von Karl Friedrich Klischnig. Berlin 1794. S. 211, wo Klischnig die Fauststelle nach Moritz anführt.

grossen Heiden*) und gegen seine nackten Göttergestalten, die sie gern durch ihre vermummten dummen Teufel ersetzen möchten . . . ." „Die Leute wissen nicht, dass in dem Clauren-Lächeln eines vermummten Satyrs mehr Anstössiges liegt, als in der ganzen Nacktheit eines Wolfgang Apollo, und dass just in den Zeiten, wo die Menschheit jene Pluderhosen trug, wozu sechzig Ellen Zeug nöthig waren, die Sitten nicht anständiger gewesen sind als jetzt."

Weiterhin bemerkt Heine sehr zutreffend: „indem uns Allen Goethe's Werke vor Augen liegen, so können wir das Urtheil, das Jemand darüber fällt, mit dem unsrigen schnell vergleichen, wir bekommen dadurch einen festen Maassstab, womit wir gleich alle seine Gedanken und seine Gefühle messen können, und er hat unbewusst sein eignes Urtheil gesprochen. Wie aber Goethe auf diese Weise, weil er eine gemeinschaftliche Welt ist, die der Betrachtung eines Jeden offen liegt, uns das beste Mittel wird, um die Leute kennen zu lernen, so können wir wiederum Goethe selbst am besten kennen lernen durch sein eigenes Urtheil über Gegenstände, die uns Allen vor Augen liegen, und worüber uns schon die bedeutendsten Menschen ihre Ansicht mitgetheilt haben. In dieser Hinsicht möchte ich am liebsten auf Goethe's italienische Reise hinweisen, indem wir Alle, entweder durch eigene Betrachtung oder durch fremde Vermittelung, das Land Italien kennen, und dabei so leicht bemerken, wie Jeder dasselbe mit subjektiven Augen ansieht, Dieser

I, 141-3.

---

*) Dies Wort braucht Heine hier zuerst, später noch mehrmals, bis er V., 228 auseinandersetzt, warum es nicht ganz passe.

mit Archenhölzern unmuthigen Augen, die nur das Schlimme sehen, Jener mit begeisterten Corinnaaugen, die überall nur das Herrliche sehen, während Goethe mit seinem klaren Griechenauge Alles sieht, das Dunkle und das Helle, nirgends die Dinge mit seiner Gemüthsstimmung koloriert und uns Land und Menschen schildert in den wahren Umrissen und wahren Farben, womit sie Gott umkleidet."

„Das ist ein Verdienst Goethe's, das erst spätere Zeiten erkennen werden; denn wir, die wir meist alle krank sind, stecken viel zu sehr in unseren kranken, zerrissenen, romantischen Gefühlen, die wir aus allen Ländern und Zeitaltern zusammengelesen, als dass wir unmittelbar sehen könnten, wie gesund, thatsächlich und plastisch sich Goethe in seinen Werken zeigt. Er selbst merkt es eben so wenig; in seiner naiven Unbewusstheit des eigenen Vermögens wundert er sich, wenn man ihm „ein gegenständliches Denken" zuschreibt, und indem er durch seine Selbstbiographie uns selbst eine kritische Beihülfe zum Beurtheilen seiner Werke geben will, liefert er doch keinen Maassstab der Beurtheilung an und für sich, sondern nur neue Fakta, woraus man ihn beurtheilen kann, wie es ja natürlich ist, dass kein Vogel über sich selbst hinauszufliegen vermag."

„Spätere Zeiten werden, ausser jenem Vermögen des plastischen Anschauens, Fühlens und Denkens, noch Vieles in Goethe entdecken, wovon wir jetzt keine Ahnung haben. —"

Ausser dieser glänzenden Würdigung Goethe's findet sich auch noch in den Blättern über „Norderney" ein Anklang an den Vers aus Goethe's „kophtischem Liede":

„Alle die Weisesten aller der Zeiten
Lächeln und winken und stimmen mit ein;"

indem Heine sagt: „in einer mystischen Gemeinschaft I, 167.
leben die grossen Männer aller Zeiten, über die Jahrtausende hinweg nicken sie einander zu ... —"
Endlich ist noch der von Heine aufgenommene Vers
Immermann's zu erwähnen: I, 187.

„Alter Dichter, du gemahnst mich als wie Hameln's Rattenfänger;
Pfeifst nach Morgen und es folgen all' die lieben, kleinen
Sänger." —;

der sich auf den Dichter des „west-östlichen Divan"
und dessen Nachahmer bezieht und der mit den vorangehenden und nachfolgenden Versen Immermann's
die Ursache des leidigen Streites zwischen Platen und
Heine wurde.

Aus dem Jahre 1826 stammt noch „Das Buch
Le Grand", worin auch über Goethe ganz objektiv
geurtheilt wird.

„Alle kräftigen Menschen", sagt Heine hier, „lieben I, 209.
das Leben. Goethe's Egmont scheidet nicht gern
„von der freundlichen Gewohnheit des Daseins und
Wirkens." —" Dann meint er aus eigenstem Empfinden,
„ohne Verbindung des Pathetischen mit dem Komischen" I, 266.
sei das Leben nicht zu ertragen. „Das wissen unsere
Poeten. Die grauenhaftesten Bilder des menschlichen
Wahnsinns zeigt uns Aristophanes nur im lachenden
Spiegel des Witzes, den grossen Denkerschmerz, der
seine eigene Nichtigkeit begreift, wagt Goethe nur mit
den Knittelversen eines Puppenspiels auszusprechen..."
In bester Laune nennt er als grosse Männer, die keinen I, 275.
Taback geraucht haben: „Cicero, Justinian, Goethe,
Hugo, Ich — zufällig sind wir alle fünf auch so halb

und halb Juristen . . .“; und er findet eine noch schmeichelhaftere Aehnlichkeit zwischen sich und Goethe, indem er sich mit ihm zu den „profanen, sündhaften, ketzerischen Schriftstellern" rechnet, „für die der Himmel doch so gut wie vernagelt ist", wofür sie Gott aber „desto mehr mit vorzüglichen Gedanken und Menschenruhm" segne.

I, 281.

Eine Wendung zum heftigsten Unwillen gegen Goethe tritt erst ein, als Heine im Herbst 1827 hinterbracht worden war, Goethe habe sich missfällig über ihn geäussert. Dass der Goethe, der so viel Mittelmässiges öffentlich lobte, seine von Immermann, Varnhagen und Anderen als bedeutend dargestellten Dichtungen gar nie erwähnt hatte, war Heine'n, der, wie wir sahen, Goethe's Lob über Alles stellte, gewiss schon nahe gegangen. Die „freundliche Herablassung" bei dem Besuch in Weimar hatte ihn tief herabgestimmt. Nun gar noch von dem Beherrscher des Parnass getadelt zu werden und so laut, dass es von Weimar bis Berlin schallte: das war zu viel!

Der Aerger darüber klingt schon hervor in einem Brief an Fr. Merckel aus Wangeroge (11. 9. 1827), wo er meint: „der Enthusiasmus wird abgekühlt", wenn man „Goethe's dritten und vierten Theil der neuen Ausgabe" liest. — „die Fortsetzung zum Faust, „Helena", ist darin das Beste . . ."*) Gegen Moser aber öffnet er ganz die Schleusen seines Zorns (Lüneb. 30. 10. 1827):

XX, 30.

XX, 37.

„Dass ich dem Aristokratenknecht**) Goethe missfalle, ist natürlich. Sein Tadel ist ehrend, seitdem er alles

---

*) Heine blieb bei dieser Meinung vgl., (1851.) VII., 187-189.

**) Vielleicht giebt dies einen Wink, dass wir vermuthen

Schwächliche lobt. Er fürchtet die anwachsenden Titanen. Er ist jetzt ein schwacher abgelebter Gott, den es verdriesst, dass er Nichts mehr erschaffen kann. Raumer kann bezeugen, dass ich ihn schon vor drei Jahren*) nicht mehr geliebt, und jetzt nicht durch deinen letzten Brief bestochen worden." Und an demselben Tage schreibt Heine stolz an Varnhagen:

„Man will dort" (in Berlin) „wissen, Wolfgang XX, 40. Goethe spräche missfällig von mir; das würde Frau von Varnhagen leid thun. — Ich werde es mit den Aristokraten noch mehr verderben. Wolfgang Goethe mag immerhin das Völkerrecht der Geister verletzen, er kann doch nicht verhindern, dass sein grosser Name einst gar oft zusammen genannt wird mit dem Namen H. Heine."

Der Zufall wollte, dass gerade um diese Zeit, als in Heine Bewunderung und Groll um die Oberhand stritten, Wolfgang Menzel's Buch „die deutsche Literatur" (1828) erschien, in welchem Goethe's Dichten und Trachten auf das Engherzigste verkannt und mit einseitigem Witz angegriffen wurde. Dadurch gerieth Heine doppelt in's Schwanken. Zehn Jahre später schrieb er, sich selbst verurtheilend. („Ueber den De- XIV, 71. nuncianten": 1837): „Herr Menzel setzte damals den Goethe unter ein Verkleinerungsglas, und das machte mir ein kindisches Vergnügen." Gewiss, es kam Heine's Rachsucht recht erwünscht, dass auch einmal an dem Purpurmantel des „herablassenden" Dichter-

---

dürfen, Goethe's Missbilligung habe sich auf Heine's politische Farbe bezogen, wie sie in den „Reisebildern" bereits hervorgetreten war.

*) Damals gerade hatte der Besuch bei Goethe stattgefunden.

fürsten gezerrt wurde, dem er nach eigenem Bekenntniss die Alleinherrschaft neidete; aber dennoch — die Schiefheit*) der Menzel'schen Beurtheilung war ihm widerwärtig und schmerzlich dem Goethe gegenüber, den er in seinen erhabenen Werken zu bewundern nie aufhörte. Er schreibt an Varnhagen, der ihn wohl ermahnt haben mochte, nicht auch öffentlich Goetherebell zu werden (München, 28. 11. 1827):

„Menzel's Buch über Literatur hat viel Schönes. Die Stellen über Goethe*) habe ich nicht ohne Schmerzen lesen können. Ich möchte sie für keinen Preis geschrieben haben. Wo denken Sie hin, lieber Varnhagen, Ich, Ich gegen Goethe schreiben! Wenn die Sterne am Himmel mir feindlich werden, darf ich sie desshalb schon für blosse Irrlichter erklären? Ueberhaupt ist es Dummheit, gegen Männer zu sprechen, die wirklich gross sind, selbst wenn man Wahres sagen könnte. Der jetzige Gegensatz der goethischen Denkweise, nämlich die deutsche Nationalbeschränktheit und der seichte Pietismus sind mir ja am fatalsten. Desshalb muss ich bei dem grossen Heiden aushalten, quand même — wahrscheinlich lasse ich im dritten Theil der „Reisebilder" wieder eine Batterie gegen das Pustkuchenthum losfeuern. Gehöre ich auch zu den Unzufriedenen, so werde ich doch nie zu den Rebellen übergehen." Und bei Fr. Merckel erkundigt

---

*) Z. B. S. 212 wird Goethe als talentvoller Virtuos ohne Charakter und Herz hingestellt. Weiterhin wird ihm Wollust und Grausamkeit beigemessen.

**) Varnhagen hatte wohl einige besonders herabsetzende Stellen bezeichnet. Ueber Goethe handelt Menzel Th. II, S. 207—232, 237, 243, 261, 273, 275, 276, 278, 279, 282.

sich Heine mit dem alten Eifer nach Zimmermann's
Goethevorlesungen (München. Sylvester 1827): „Ich XX, 54.
würde täglich 48 Kreuzer (das ist hier viel Geld)
drum geben, wenn ich ihn hören könnte!"

Jetzt aber tritt etwas Ueberraschendes ein. Was
Heine noch vor einem halben Jahre „Dummheit" ge-
scholten, konnte er nun trotzdem nicht ganz unter-
lassen; denn das gerade war ja seine tiefste Schwäche,
dass die Leidenschaft der Liebe wie des Hasses in
ihm so oft den Sieg über die Vernunft davontrug.
Er machte die Selbstverhöhnung zur Wahrheit, da er
sich von Poseidon zurufen lässt: „Poetlein! . . . . I, 227.
dich hat niemals rathend beschützt die Göttin der
Klugheit, Pallas Athene." Nämlich: er verfasste zwar
eine Recension gegen Menzel's Goetheangriff; aber er
rebellirte seinerseits darin gegen Goethe's „Tyrannis"
und verkündete den Untergang der „Goethe'schen Kunstperiode". Mit unverkennbarer Bangigkeit schreibt er
hierüber an Varnhagen (München, 6. 6. 1828): „in XX, 71.
einer Recension der Menzel'schen Literatur habe ich
so freimüthig über Goethe gesprochen, als wenn ich
keinen einzigen Goetheaner unter meinen Freunden
zählte. Ganz freimüthig? Nein! In 8 Tagen bekommt
ihr diesen Aufsatz — lasst Gnade vor Recht ergehen
— setzt mich nicht ab." Den Freund Moser weist
er (Bagni di Lucca, 6. 9. 1828) nur kurz auf die XX, 77.
Recension hin. Diese selbst ist ein getreues Spiegelbild
der in Heine auf- und niederfluthenden Stimmungen für
und wider Goethe. „Ganz freimüthig? Nein!": Das
will sagen, die persönlichen Beweggründe seines Un- XIII. 269.
muthes sind darin noch nicht klargelegt. Er schreibt
(„Die deutsche Literatur von W. Menzel. 1828."): . . .

„Ist doch die Idee der Kunst zugleich der Mittelpunkt jener ganzen Literaturperiode, die mit dem Erscheinen Goethe's anfängt und erst jetzt ihr Ende erreicht hat, ist sie doch der eigentliche Mittelpunkt in Goethe selbst, dem grossen Repräsentanten der Periode — und wenn Friedrich Schlegel in seiner Beurtheilung Goethe's Diesem allen Mittelpunkt abspricht, so hat dieser Irrthum vielleicht seine Wurzel in einem verzeihlichen Unmuth. Wir sagen „verzeihlich", um nicht das Wort „menschlich" zu gebrauchen; die Schlegel, geleitet von der Idee der Kunst, erkannten die Objektivität als das höchste Erforderniss eines Kunstwerks, und da sie diese im höchsten Grade bei Goethe fanden,

XIII. 270. hoben sie ihn auf den Schild, die neue Schule huldigte ihm als König, und als er König war, dankte er, wie Könige zu danken pflegen, indem er die Schlegel kränkend ablehnte und ihre Schule in den Staub trat." *)

Ferner bemerkt er, dass er nicht zu Denen gehöre,**)
XIII, 284-7. „die durch Vergleichung Schiller's***) mit Goethe den Werth des Letzteren herabdrücken möchten." „Beide Dichter sind vom ersten Range, Beide sind gross, vortrefflich, ausserordentlich, und hegen wir etwas Vorneigung für Goethe, so entsteht sie doch nur aus dem geringfügigen Umstand, dass wir glauben, Goethe wäre im Stande gewesen, einen ganzen Friedrich Schiller

---

*) Weiterhin wird sich zeigen, dass Heine über diesen Punkt anderen Sinnes wurde.

**) Wie Menzel a. a. O. Th. II., S. 2, 1718.

***) Schiller's Enthusiasmus für die Zeitideen stellte Heine selbst gern Goethe's Kälte gegenüber, vgl. XIII., 828-9 und XIV., 227 (1853—4).

mit allen dessen Räubern, Piccolominis, Louisen, Marien und Jungfrauen zu dichten, wenn er der ausführlichen Darstellung eines solchen Dichters nebst den dazu gehörigen Gedichten in seinen Werken bedurft hätte." Er erschrickt „über die Härte und Bitterkeit, womit Herr Menzel über Goethe spricht"; er glaubt nicht an Menzel's Lehre,*) „Goethe sei kein Genie, sondern ein Talent", weil „Goethe dann und wann das Talent hat, ein Genie zu sein." Und selbst, wenn Menzel Recht hätte, wäre sein Urtheil immerhin unziemlich hart: „Es ist doch immer Goethe, der König", und ein Recensent sollte erst „vor dem königlichen Delinquenten" niederknieend Verzeihung erbitten, ehe er das Messer an ihn legt, wie der Scharfrichter, der Karl I. köpfte. Heine erklärt sich diese Härte daher, „weil Goethe, der Nichts als primus inter pares sein sollte, in der Republik der Geister zur Tyrannis gelangt ist." Darum, meinte er, „betrachten ihn viele grosse Geister mit geheimem Groll. Sie sehen in ihm sogar einen Ludwig XI., der den geistigen hohen Adel unterdrückt,**) indem er den geistigen Tiers état, die liebe Mittelmässigkeit, emporhebt . . ." „er erschafft einen Papieradel von Hochbelobten, die sich schon viel höher dünken als jene wahren Grossen, die ihren Adel, ebenso

---

*) A. a. O. II., 209. ff.

**) Eine Ausnahme machte Heine mit Pückler's „Briefe eines Verstorbenen", von welchem Buche er 1830 (III., 4) schrieb: „Es . . . verdient in vollem Maasse das Lob, das ihm Goethe und Varnhagen . . . gespendet haben", während Börne in seinen „Pariser Briefen" (15. 2. 1831) entgegengesetzter Ansicht war.

wie der König selbst, von der Gnade Gottes erhielten, oder, um whiggisch zu sprechen, von der Meinung des Volkes . . ."; aber, fügt er hinzu [gerade wie in dem angeführten Brief (30. 10. 1827) an Varnhagen, nur bildreicher ausgedrückt], es „wird auch Goethe nicht verhindern können, dass jene grossen Geister, die er im Leben gern entfernen wollte, dennoch im Tode mit ihm zusammen kommen und neben ihm ihren ewigen Platz finden im Westminster der deutschen Literatur." „Die brütende Stimmung unzufriedener Grossen ist ansteckend und die Luft wird schwül. Das Princip der Goethe'schen Zeit, die Kunstidee, entweicht, eine neue Zeit mit einem neuen Principe steigt auf, und seltsam! wie das Menzel'sche Buch merken lässt, sie beginnt mit Insurrektion gegen Goethe. Vielleicht fühlt Goethe selbst, dass die schöne objektive Welt, die er durch Wort und Beispiel gestiftet hat, nothwendigerweise zusammensinkt, so wie die Kunstidee allmählich ihre Herrschaft verliert, und dass neue frische Geister von der neuen Idee der neuen Zeit hervorgetrieben werden, und gleich nordischen Barbaren, die in den Süden einbrechen, das civilisirte Goethenthum über den Haufen werfen und an dessen Stelle das Reich der wildesten Subjektivität begründen. Daher das Bestreben, eine Goethe'sche Landmiliz auf die Beine zu bringen. Ueberall Garnisonen und aufmunternde Beförderungen. Die alten Romantiker, die Janitscharen, werden zu regulären Truppen zugestutzt, müssen ihre Kessel abliefern, müssen die Goethe'sche Uniform anziehen, müssen täglich exerciren. Die Rekruten lärmen und trinken und schreien Vivat; die Trompeter blasen. —

Wird Kunst und Alterthum*) im Stande sein, Natur und Jugend zurückzudrängen?"

„Wir können nicht umhin, ausdrücklich zu bemerken, dass wir unter „Goethenthum" nicht Goethe's Werke verstehen, nicht jene theuern Schöpfungen, die vielleicht noch leben werden, wenn längst die deutsche Sprache schon gestorben ist und das geknutete Deutschland in slavischer Mundart wimmert; unter jenem Ausdruck verstehen wir auch nicht eigentlich die Goethe'sche Denkweise, diese Blume, die im Miste unserer Zeit immer blühender gedeihen wird, und sollte auch ein glühendes Enthusiastenherz sich über ihre kalte Behaglichkeit**) noch so sehr ärgern; mit dem Worte „Goethenthum" deuteten wir oben vielmehr auf Goethe'sche Formen, wie wir sie bei der blöden Jüngerschaar nachgeknetet finden, und auf das matte Nachpiepsen jener Weisen, die der Alte gepfiffen.***) Eben die Freude, die dem Alten jenes Nachkneten und Nachpiepsen gewährt, erregt unsere Klage. Der Alte! Wie zahm und milde ist er geworden! Wie sehr hat er sich gebessert! würde ein Nicolait sagen, der ihn noch in jenen wilden Jahren kannte, wo er den schwülen „Werther" schrieb! Wie hübsch manierlich ist er

---

*) Witzige Anspielung auf Goethe's Zeitschrift „Ueber Kunst und Alterthum." (1816—1832).

**) Noch in „Gedanken und Einfälle" (XIII., 828—9) aus Heine's Spätzeit findet sich der Satz: „Goethe's Abneigung, sich dem Enthusiasmus hinzugeben, ist ebenso widerwärtig, wie kindisch. Solche Rückhaltung ist mehr oder minder Selbstmord: sie gleicht der Flamme, die nicht brennen will, aus Furcht sich zu konsumieren. Die grossmüthige Flamme, die Seele Schiller's loderte mit Aufopferung."

***) S. oben Immermann's Spottvers: „Alter Sänger u. s. w."

geworden, wie ist ihm die Rohheit jetzt fatal, wie unangenehm berührt es ihn, wenn er an die frühere xeniale himmelstürmende Zeit erinnert wird, oder wenn gar Andere, in seine alten Fussstapfen tretend, mit demselben Uebermuthe ihre Titanenflegeljahre austoben! Sehr treffend hat in dieser Hinsicht ein geistreicher Ausländer unseren Goethe mit einem alten Räuberhauptmanne verglichen, der sich vom Handwerke zurückgezogen hat, unter den Honoratioren eines Provinzialstädchens ein ehrsam bürgerliches Leben führt, bis aufs Kleinlichste die Philistertugenden zu erfüllen strebt, und in die peinlichste Verlegenheit geräth, wenn zufällig irgend ein wüster Waldgesell aus Kalabrien mit ihm zusammentrifft und alte Kameradschaft nachsuchen möchte."

Hiernach scheint es, als habe Heine schon in der kurz vorher geschriebenen Recension über den „Struensee von M. Beer 1828" einen besonderen Nachdruck auf den freieren Jugendstandpunkt Goethe's legen wollen. Er erwähnt dort Beer's „Paria" und sagt dann über Goethe's

XIII, 244. „Werther":

„Sein erstes Publikum fühlte nimmermehr seine eigentliche Bedeutung, und es war nur das Erschütternde, das Interessante des Faktums, was die grosse Menge anzog und abstiess. Man las das Buch wegen des Todtschiessens, und Nicolaiten schrieben dagegen wegen des Todtschiessens. Es liegt aber noch ein Element im „Werther", welches nur die kleinere Menge angezogen hat, ich meine nämlich die Erzählung, wie der junge Werther aus der hochadligen Gesellschaft höflichst hinausgewiesen wird. Wäre der „Werther" in unseren Tagen erschienen, so hätte diese Partie des

Buches weit bedeutsamer die Gemüther aufgeregt, als der ganze Pistolenknalleffekt . . ."*) Als Beläge, dass „die Idee der Menschengleichheit unsere Zeit durchschwärmt" und „allen solchen Werken, worin jene Idee hervortritt, rauschender Beifall gezollt wird", führt Heine an: „Die Macht der Verhältnisse" von Ludwig Robert, dem er hinzufügt: „Dieselbe Macht der Verhältnisse erschüttert uns in „Urika" und „Eduard", der „Herzogin von Duras", und in „Isidor und Olga" von Raupach. Frankreich und Deutschland fanden sogar dasselbe Gewand für denselben Schmerz, und Delavigne und Beer gaben uns Beide einen „Paria". —

In Heine's nächstem Werk „Italien 1828—9" ist dieselbe schwankende Stimmung Goethe gegenüber bemerkbar. Als Motto wählt er aus dem „Buch des Unmuths" des Goethe'schen „Divan" die Strophe:

„Hafis auch und Ulrich Hutten
Mussten ganz bestimmt sich rüsten
Wider braun und blaue Kütten,
Meine gehn, wie andre Christen."

Dann entzückt er sich über das Mignonlied und sagt von Goethe's „italiänischer Reise": „Wo er malt, hat II, 114. er das Original immer vor Augen, und man kann sich auf die Treue der Umrisse und der Farbengebung ganz v erlassen." Darum verweist er auf Goethe's Reisebeschreibung und freut sich, sein „ahnendes Urtheil" (I, 141.) über dieses Werk „vollauf bestätigt" zu sehen: „Wir schauen nämlich darin überall thatsächliche Auffassung und die Ruhe der Natur, Goethe hält ihr den Spiegel vor, oder besser gesagt, er ist selbst der Spiegel der

---

*) Aehnlich spricht sich Heine später in „Die romantische Schule" (1833—5) über „Werther" aus. (VI. 40—41.)

Natur. Die Natur wollte wissen, wie sie aussieht, und erschuf Goethe. Sogar die Gedanken, die Intentionen der Natur vermag er uns wiederzuspiegeln, und es ist einem hitzigen Goetheaner, zumal in den Hundstagen, nicht zu verargen, wenn er über die Identität der Spiegelbilder mit den Objekten so sehr erstaunt, dass er dem Spiegel sogar Schöpfungskraft, die Kraft, ähnliche Objekte zu erschaffen, zutraut." Und nun fährt Heine über Eckermann her und dessen Buch „Beiträge zur Poesie mit besonderem Hinweis auf Goethe" (Stuttg. 1823). Er bleibt bestrebt, Goethe gerecht zu werden, aber ihn überschwänglich gepriesen zu sehen, ist dem Gereizten damals noch unerträglich. Der Menzel'sche Vorwurf, Goethe sei weibisch, wirkt nach in ihm; dazu tritt die eigene Beobachtung, Goethe huldige der Aristokratie, er habe kein Herz mehr für

II, 116. die „Menschengleichheit", wie dazumal als er den „Werther" schrieb. Und so rühmt er denn das „Italien" der Frau von Morgan, „dieser flatternden Nachtigall der Freiheit", und die „Corinna" der Frau von Staël, „der liebenswürdigen Marketenderin im Heer der Liberalen", indem er meint: „Was diesen Frauen an Talent fehlt, um neben Goethe nicht unbedeutend zu erscheinen, dass ersetzen sie durch männliche Gesinnungen, die Jenem mangeln." Aus denselben Beweggründen gegen Goethe nennt Heine weiterhin „Friedrich

II. 150. Schiller, den edelsten, wenn auch nicht grössten Dichter Deutschlands."

Es ist immerhin eine Freude zu sehen, dass er sich wenigstens nie hinreissen liess, Goethe's Dichtergrösse anzuzweifeln. Auf dem Punkt war und blieb er Anti-Menzelianer.

Mit Platen dagegen, der ihm giftiger antwortete,*) als es die erwähnten Immermannischen Verse in den „Reisebildern" erwarten lassen konnten, verfuhr Heine ganz rücksichtslos. Seine Angriffe verfallen hier oft aus dem Witzigen in das Geschmacklose, und Platen's bedeutende Seiten übersieht er völlig. Natürlich fehlen auch die richtigen Bemerkungen nicht. So schildert er Platen als den Allerweltsnachahmer und sagt dabei: er „ahmte den Goethe nach im Liede". Dann: „So hungrig und lechzend nach Lob und Spenden zeigte sich nie ein wahrer Dichter, niemals Klopstock, niemals Goethe, zu deren Drittem der Graf Platen sich selbst ernennt."**) Platen habe: „alle Dichter Deutschlands" — d. h. des derzeitigen — „ausser dem ganz alten Goethe wie einen Schwarm schlechter Sudler geschildert." Und endlich: „Madame Goethe warf gleich ihren jungen Leu, und Dieser gab uns beim ersten Wurf seinen Löwen von Berlichingen . . ." „Später kam erst die

II, 280.
II, 283.

II, 292.

II, 296.

---

*) Platen nannte in seinem „romantischen Oedipus" (1828) den „getauften Heine" den „Pindarus vom kleinen Stamme Benjamin" und „den herrlichen Petrark des Lauberhüttenfestes" und sprach von „Synagogenstolz" und „Knoblauchsgeruch"; trotzdem ihm sein feinerer Freund Graf Fugger von derartigen Angriffen abgerathen hatte.

**) Im „Romancero" (1840—1851) besingt Heine die „Plateniden" also (XVII. 126):

„Wahre Prinzen aus Genie-Land
Zahlen bar, was sie verzehrt,
Schiller, Goethe, Lessing, Wieland
Haben nie Kredit begehrt.
Wollten keine Ovationen
Von dem Publikum auf Pump,
Keine Vorschuss-Lorbeerkronen,
Rühmten sich nicht keck und plump."

Politur, die Glätte, die Feile, die natürliche Tochter ..."
Platen dagegen habe „mit der ängstlichen Künstelei"
angefangen. In Heine's „Italien" findet sich dann noch allegorisch
Alles zusammengefasst, was sich auf sein damaliges
Verhältniss zu Goethe bezieht. Er sagt über seine

II, 327-8. Liebe zu „Francesca": „Bei solcher Ueberfülle von
Thorheit konnte es wohl geschehen, dass ein ernster
Adler, den mein Ruf aus seinen einsamen Träumen
aufgestört, mich mit geringschätzigem Unmuthe ansah.
Aber ich verzieh's ihm gerne; denn er hatte niemals
Francesca gesehen, und daher konnte er noch immer
so erhabenmüthig auf seinem festen Felsen sitzen, und
so seelenfrei zum Himmel emporstarren, oder so
impertinent ruhig auf mich herabglotzen. So ein
Adler hat einen unerträglich stolzen Blick, und sieht
Einen an, als wollte er sagen: „Was bist du für ein
Vogel? Weisst du wohl, dass ich noch immer ein
König bin, eben so gut wie in jenen Heldenzeiten, als
ich Jupiter's Blitze trug und Napoleon's Fahnen
schmückte? Bist du etwa ein gelehrter Papagei, der
die alten Lieder auswendig gelernt hat und pedantisch
nachplappert? oder eine vermüffte Turteltaube, die
schön fühlt und miserabel gurrt? oder eine Almanachs-
nachtigall? oder ein abgestandener Gänserich, dessen
Vorfahren das Kapitol gerettet? oder gar ein serviler
Haushahn, dem man aus Ironie das Emblem des kühnen
Fliegens, nämlich mein Miniaturbild, um den Hals
gehängt hat, und der sich deshalb so mächtig spreizt,
als wäre er nun selbst ein Adler? Du weisst, lieber
Leser, wie wenig Ursache ich habe, mich beleidigt zu
fühlen, wenn ein Adler Dergleichen von mir dächte.

Ich glaube, der Blick, den ich ihm zurückwarf, war noch stolzer als der seinige, und wenn er sich bei dem ersten besten Lorbeerbaume erkundigt hat, so weiss er jetzt, wer ich bin."

Aus der vornehmen Unkenntniss des „Adlers" über die Person und die Leistungen Dessen, der sich ihm naht, lässt sich schliessen, dass Goethe damals in Weimar den jugendlichen Besucher „freundlich und herablassend" gefragt habe: Wer er sei und was er treibe? Heine's Name mochte ihm im Herbst 1824 noch ganz unbekannt sein; denn bis dahin waren erst dessen „Gedichte", „Almansor", „Ratcliff" und das „lyrische Intermezzo" erschienen, während die Haupttreffer, „Reisebilder" und „Buch der Lieder", noch fehlten. Dass er ihn aber überhaupt niemals als Dichter kennen und schätzen gelernt habe, ist eine ganz unhaltbare Annahme K. Goedeke's;*) denn er zählte Heine zu den „höheren Menschen" und vom blossen Hörensagen giebt ein Goethe kein solches Urtheil ab. Er erkannte sein Talent an und tadelte seine Streitsucht; denn er sprach am 14. März 1830 zu Eckermann:**) „Und wenn noch die bornirte Masse höhere Menschen verfolgte! Nein, ein Begabter und ein Talent verfolgt das andere. Pláten ärgert Heine, und

---

*) „Grundriss zur Geschichte der deutschen Dichtung" (1881 III., 450):

„Goethe hat seiner niemals gedacht, auch in den Gesprächen mit Eckermann nicht, und hat wohl niemals eine Zeile von ihm gelesen."

**) „Gespräche". Aufl. IV. Th. III, S. 217. Ebenda im „Vorwort" steht bezeugt, dass sich Th. I, S. 161 der Ausfall gegen einen „unserer neuesten deutschen Dichter", wie es in den älteren Ausgaben hiess, keineswegs (nach Strodtmann's

Heine Platen, jeder sucht den Andern schlecht und verhasst zu machen, da doch zu einem friedlichen Hinleben und Hinwirken die Welt gross und weit genug ist, und jeder schon an seinem eigenen Talent einen Feind hat, der ihm hinlänglich zu schaffen macht!"

Hiergegen lässt sich schwerlich Etwas einwenden, denn Lob und Tadel sind weise vertheilt. Doch, ohne dass damit das gereifte Urtheil des Greisen angetastet werde, sei darauf hingewiesen, dass Goethe selbst als Jüngling durch seinen Ausfall gegen Wieland und seine Abwehr Nicolai's der Dichterwelt kein gutes Beispiel der Friedensliebe gegeben hatte. Ihm war dabei von Hause aus eine ruhige stetige Entwicklung beschieden; während Heine, so wenig auch seine Ausschreitungen zu billigen sind, doch den Milderungsgrund für sein streitbares Wesen beanspruchen darf, dass er von Jugend auf die Gegner hatte, zu denen Shylock sagt: „Wenn ihr uns stecht, bluten wir nicht?" Solch' ein Gegner war ihm Goethe freilich nicht; aber die Nichtbeachtung des Einzigen, um dessen Lob er geizte, musste ihm kränkend sein. Nun pochte er darauf, doch auch Etwas geleistet zu haben.

Im März 1829 kam Heine nach Berlin. Rahel berichtet an Varnhagen in Bonn (11. 3. 1829): „Heine war hier . . . Er wollte gegen Goethe sprechen: ich musste lächeln; es ging nicht"; und dann (15. 3. 1829): „Er kann sich und Goethe'n, seinen, und dessen Ruhm verwechseln: denkt überhaupt an Ruhm!" Allerdings

---

und Anderer Annahme) auf Heine bezieht, sondern auf Platen. Obige ist die einzige Stelle, wo Goethe Heine's Namen genannt hat.

dachte Heine an Ruhm; aber was die Verwechselung seines Werthes und Ruhmes mit dem Goethe's anlangt, so mag er im Eifer der Selbstvertheidigung ähnlich Klingendes geäussert haben: seine Meinung war es jedoch nicht, wie sich aus Allem ergiebt, was er über Goethe vertraulich und öffentlich schrieb. Gerade dass sein Ruhm nicht an den Goethe's heranreichte, wurmte ihn; denn allerdings, der Wunsch nach Anerkennung trieb ihn weiter, als irgendwie zu loben wäre.

Das gute Einvernehmen mit den Berliner Freunden wurde übrigens nicht dauernd getrübt. Aus Potsdam schreibt Heine (Mai 1829) an Friederike Robert(-tornow) XX, 106. die scherzende Drohung: „Sie müssen Robert drängen, er soll an Varnhagen sagen, wenn er Bewusstes nicht schreibt, so rebellire ich wieder gegen Goethe und schiffe mich gleich ein nach Amerika. Ich habe jetzt Goethe in Händen — denn ich lese jetzt seinen „Wilhelm Meister". —"

Aus Hamburg meldet Heine dann an Varnhagen XX, 157-8. (28. 2. 1830): „Ich lese jetzt den vierten Band*) von Goethe's und Schiller's Briefwechsel, und wie gewöhnlich mache ich Stilbeobachtungen. Da finde ich wieder, dass Sie nur mit dem frühesten Goethe mit dem Werther-Goethe, Aehnlichkeit im Stil haben, Ihnen fehlt ganz die spätere Kunstbehaglichkeit des grossen Zeitablehnungsgenies, das sich selbst letzter Zweck ist. Er beherrscht seinen Stoff, Sie bezwingen ihn Abründung, Helldunkel, Perspektive der Zwischensätze, mechanisches Untermalen der Gedanken, Dergleichen

---

*) Den fünften Band erbittet Heine von Fr. Merckel. (Hamb., 7. 3. 1830.) XX., 159.

kann man von Goethe lernen — nur nicht Männlichkeit. Es ist noch immer meine fixe Idee, dass mit der Endschaft der Kunstperiode auch das Goethenthum zu Ende geht; nur unsere aesthetisierende, philosophierende Kunstsinnzeit war dem Aufkommen Goethe's günstig; eine Zeit der Begeisterung und der That kann ihn nicht brauchen. Aus jenem vierten Briefsammlungstheil sah ich klar, wie ingrimmig er die Revolution hasste, er hat in dieser Hinsicht ungünstig auf Schiller eingewirkt, den er vielleicht am Ende zum Mitaristokraten gemacht hätte. Vergl. seine Verhöhnung Posselt's, Campe's, des Bürgerdiploms, das Schiller aus Frankreich erhielt u. s. w."

Ueber Goethe's Altersstil, den heut Manche als die höchste Blüthe der Goethe'schen Schreibweise hinzustellen geneigt sind, schreibt Heine ferner an Varnhagen (Wandsbeck, 16. 6. 1830) im Vergleich zu dessen „Zinzendorf", den er im Uebrigen scharf angreift: „Stilistisch habe ich wieder viel gelernt an Ihrem Buche, und die gleichzeitige Lektüre des 31. und 32. Bandes der neuen Ausgabe Goethe's gab mir zu manchen Betrachtungen Anlass. Dass Goethe sich darin, mehr als je,*) von dem bestimmten Artikel (der, die, das) entfernt, nämlich ihn fühlbarlichst auslässt, dass er neue Formen des Unbestimmten ausprägt (der unbestimmte Artikel „ein" in ängstlicher Anwendung gehört dazu), dass er ferner eine konventionelle Gesellschaftssprache für die Deutschen begründet und

---

*) Schon 20. 8. 1773 wurde in den „Frankf. gel. Anz." über den Stil in Goethe's „Götz" bemerkt: „Die Wegwerfung des Artikels ist oft affektirt." Vergl. „Goethe im Urtheile seiner Zeitgenossen" v. Julius W. Braun, 1883. Bd. I, S. 7. —

somit manchem fühlbaren Mangel abhilft, Dergleichen und mehr der Art trat mir entgegen und nahm meine Beobachtung in Anspruch. Das letztgenannte Streben finde ich auch bei Ihnen, lieber Varnhagen; doch allzubestimmtes Wollen hält Sie von der vorher erwähnten Unbestimmtheitssucht wohltätigst entfernt. (Ich habe diesen Morgen schon viel geschrieben, wo sich die goethische Superlativität beständig in meine Perioden drängte — so ansteckend ist eine Schreibgrimmasse!)."—
Wenige Wochen nach diesem Brief sollte Heine für Stilbeobachtungen keine Ruhe mehr finden. Die Nachricht der Julirevolution traf ihn auf Helgoland und regte ihn zu jenen freiheitstrunkenen Ergüssen an, welche er zehn Jahre später in seinem Buch über Börne veröffentlichte. Es klingt fast, als sei der Zorn gegen Goethe dem Freudigen entschwunden, wenn er (1. 7. 1830) in jenen Helgolander Briefen schreibt: „Ein grosses Heilmittel" — (zur Gesundung von ein- XII, 66. seitigem Vergeistigungsstreben) — „liegt in der politischen Bewegung und in der Kunst. Napoleon und Goethe haben trefflich gewirkt. Jener, indem er die Völker zwang, sich allerlei gesunde Körperbewegung zu gestatten; Dieser, indem er uns wieder für griechische Kunst empfänglich machte und solide Werke schuf, woran wir uns, wie an marmornen Götterbildern festklammern können, um nicht unterzugehen im Nebelmeer des absoluten Geistes . . .." Und ferner (29. 7. 1830): XII, 76-7.

„Shakespeare ist zu gleicher Zeit Jude und Grieche, oder vielmehr beide Elemente, der Spiritualismus und die Kunst, haben sich in ihm versöhnungsvoll durchdrungen und zu einem höheren Ganzen entfaltet. Ist vielleicht solche harmonische Vermischung der beiden Elemente die Aufgabe der ganzen europäischen Civilisation? Wir sind noch sehr weit entfernt von einem solchen Resultate. Der Grieche Goethe, und mit ihm die ganze poetische Partei, hat in jüngster Zeit seine Antipathie gegen Jerusalem fast leidenschaftlich ausgesprochen. Die Gegenpartei, die keine grossen Namen an ihrer Spitze hat, sondern nur einige Schreihälse, wie z. B. der Jude Pustkuchen, der Jude Wolfgang Menzel, der Jude Hengstenberg, Diese erheben ihr pharisäisches Zeter um so krächzender gegen Athen und den grossen Heiden."

Vermisste Heine auch damals noch bei Goethe die höhere Einheit von Griechenthum und Christenthum (oder Judenthum,*) wie er sich auszudrücken beliebte), die er in Shakespeare fand, so stellte er ihn doch hoch über seine Gegner. Aber er dachte hierbei vornehmlich an Goethe's künstlerische und sittliche Weltanschauung, nicht an die politische. In dieser Hinsicht blieb der alte Groll lebendig, denn im November 1830 schreibt Heine aus Paris, dem Herd der Freiheitsbewegung:

„Meine Seele bebt, und es brennt mir im Auge, und Das ist ein ungünstiger Zustand für einen Schriftsteller, der den Stoff beherrschen und hübsch objektiv bleiben soll, wie es die Kunstschule verlangt, und wie es auch Goethe gethan — er ist achtzig Jahr' dabei alt geworden und Minister und wohlhabend — armes deutsches Volk! Das ist dein grösster Mann!" **)

---

*) V., 227 erklärt Heine, alle Deisten seien eigentlich Juden. Ebenda S. 228 zeigt sich, dass er später auch in Goethe Griechenthum und Christenthum vereinigt fand.

**) Der Einfluss Börne's ist hier bemerkbar.

Dass der greise Dichter und Forscher, an dem
schon so Vieles vorübergerauscht war, ohne ihn von
seinen vorgesteckten Zielen abzubringen, nun abermals
den Zeitereignissen abgewendet blieb, denen Heine zujauchzte, Das verschärfte den Zorn.

Das aesthetische Urtheil Heine's wurde zwar dadurch
nicht beeinflusst; denn er zieht ruhig die Grenze zwischen
Goethe's und Schiller's Frauengestalten, wenn er über
Ary Scheffer's „Gretchen" (Sept.-Oct. 1831) sagt: XI, 15.
„Sie ist zwar Wolfgang Goethe's Gretchen, aber sie hat
den ganzen Friedrich Schiller gelesen, und sie ist viel
mehr sentimental als naiv, und viel mehr idealisch
als leicht graciös." Aber als „Zeitablehnungsgenie"
wird Goethe immer von Neuem angegriffen.

Das Kritisieren von Gemälden in so stürmischen
Zeitläuften fällt Heine schwer. „Es gehört fast ein
Goethe'scher Egoismus dazu, um hier*) zu einem XI, 88.
ungetrübten Kunstgenuss zu gelangen", ruft er aus.
Und dann lesen wir wiederum: „Meine alte Prophezeiung XI, 90-91.
von dem Ende der Kunstperiode, die bei der Wiege
Goethe's anfing und bei seinem Sarge aufhören wird,
scheint ihrer Erfüllung nahe zu sein. Die jetzige
Kunst . . . steht . . . im unerquicklichsten Widerspruch mit der Gegenwart . . . Die Zeitbewegung . . .
im Gegentheil . . . müsste ihr sogar gedeihlich werden,
wie einst in Athen und Florenz, wo eben in den
wildesten Kriegs- und Parteistürmen die Kunst ihre
herrlichsten Blüthen entfaltete. Freilich, jene griechischen
und florentinischen Künstler führten kein egoistischisoliertes Kunstleben, die müssig dichtende Seele

---

*) Der Fall Warschau's erregte damals die Gemüther.

hermetisch verschlossen gegen die grossen Schmerzen und Freuden der Zeit . . . sie trennten nicht ihre Kunst von der Politik des Tages, sie arbeiteten nicht mit kümmerlicher Privatbegeisterung, die sich leicht in jeden beliebigen Stoff hineinlügt."

So urtheilt Heine in „Französische Zustände" VIII, 65. (Paris, 19. 1. 1832) über Thiers: „Dieser Indifferentist von der tiefsten Art, der so wunderbar Mass zu halten weiss in der Klarheit, Verständigkeit und Veranschaulichung seiner Schreibweise, dieser Goethe der Politik . . ."; und er singt die Stachelverse „An einen XVII, 217. ehemaligen Goetheaner (1832)":*)

„Hast du wirklich dich erhoben
Aus dem müssig kalten Dunstkreis,
Womit einst der kluge Kunstgreis
Dich von Weimar aus umwoben?

„Gnügt dir nicht mehr die Bekanntschaft
Seiner Klärchen, seiner Gretchen?
Fliehst du Serlo's keusche Mädchen
Und Ottiliens Wahlverwandtschaft?

„Nur Germanien willst du dienen
Und mit Mignon ist's vorbei heut,
Und du strebst nach grösserer Freiheit
Als du fandest bei Philinen?" etc. —

Goethe war nicht mehr. Am 22. März 1832 erlosch sein ruhm- und thatenreiches Leben.

Wohl empfand Heine Reue über manches kränkende Wort, das er gegen den dennoch von ihm tief Be-

---

*) Gemeint ist der Dichter und Jurist Rudolf Christiani, welcher damals in der hannöverischen Ständeversammlung zu den Hauptrednern der Opposition gehörte, vergl. Heine XVII., 218 u. XX., 247, sowie Goedeke „Grundriss" III., 1099 (1881).

wunderten geschrieben hatte; aber andrerseits war er damals zu lebhaft von dem Gefühl durchdrungen, dass nun in Deutschland die herbeigesehnte politische Zeit gekommen, um nicht bei dem Erlöschen der Kunstzeit, deren Haupt Goethe gewesen, wie entlastet aufzuathmen. Dies lehren die obigen Verse und noch mehr die folgenden Worte aus den „Französischen Zuständen" (Paris, 10. 6. 1832): VIII, 246.

„Ist es wirklich wahr, dass das stille Traumland in lebendige Bewegung gerathen?*) Wer hätte das vor dem Julius 1830 denken können! Goethe mit seinem Eiapopeia, die Pietisten mit ihren langweiligen Gebetbüchern, die Mystiker mit ihrem Magnetismus hatten Dentschland völlig eingeschläfert, und weit und breit, regungslos, lag Alles und schlief. Aber nur die Leiber waren schlafgebunden, die Seelen, die darin eingekerkert, lebten ein sonderbares Bewusstsein."

Weiterhin nennt Heine die „Estafette de Havre": VIII, 368. „eine sanftmüthige Juste-milieu-Zeitung, die der ehrsamen Kaufmannschaft in Havre sehr viel Geld kostet, und woran auch mehrere Pariser arbeiten, namentlich Monsieur de Salvandy, ein kleiner, geschmeidiger, wässrichter Geist in einem langen, steifen, trocknen Körper (Goethe hat ihn gelobt)." Der Schmerz über die eigene Zurücksetzung macht sich hier wieder einmal beissend Luft. Von nun an aber scheint es, als habe Heine sein unerquickliches Verhältniss zu Goethe mehr und mehr vergessen; wenigstens tritt das Persönliche sehr selten in den Vordergrund, wo es sich

---

*) Am 27. Mai hatte das sogenannte „Hambacher Fest" stattgefunden, wo Dr. Wirth, den Heine kurz vorher erwähnt, sich besonders als Republikaner hervorthat.

um abweichende Anschauungen handelt, und die Anerkennung wird wärmer.

Mit seinen Schriften „über Deutschland" gedachte Heine jetzt den Franzosen eine klarere Darstellung seiner Heimath zu geben, als Mad. de Staël es vermocht hatte. Sein erstes Buch dieser Gattung war ein Beitrag „zur Geschichte der neueren schönen Literatur in Deutschland"*), und er schrieb darüber (Paris, 8. 4. 1833) an Heinrich Laube:

„Ich halte das Büchlein selber für merkwürdig. Es war nöthig, nach Goethe's Tode dem deutschen Publikum eine literarische Abrechnung zu überschicken. Fängt jetzt eine neue Literatur an, so ist dies Büchlein auch zugleich ihr Programm, und ich, mehr als jeder Andere, musste wohl dergleichen geben."

Verläumdungen, die damals gegen ihn in Deutschland umgingen, wies Heine in einer öffentlichen „Erklärung" zurück und schrieb dazu an Heinrich Laube (Nov. 1833): „die Leute glaubten wahrscheinlich, er werde, wie sonst immer, alle Lügen unbeantwortet lassen, aber die Goethe'sche Silberne-Löffel-Periode sei vorüber." Das soll wohl ungefähr heissen: die Zeit der ästhetischen Thee's, der Umgangszartheit, sei nun von der Zeit offenster Derbheit abgelöst.

„Die literarische Abrechnung nach Goethe's Tode" finden wir heute in Heine's Buch „Ueber Deutschland", in dessen zweitem Theil, „der Geschichte der Romantik" (1833—5). Es heisst dort: „Die meisten glauben, mit dem Tode Goethe's beginne in Deutschland eine neue literarische Periode, mit ihm sei auch das alte

---

*) Erschien in der „Europe littéraire" und in deutscher Sprache 1833. Ergänzt hiess es „Die romantische Schule" 1835.

Deutschland zu Grabe gegangen, die aristokratische Zeit der Literatur sei zu Ende, die demokratische beginne, oder, wie sich ein französischer Journalist jüngst ausdrückte, „der Geist der Einzelnen habe aufgehört, der Geist Aller habe angefangen". — Was mich betrifft, so vermag ich nicht in so bestimmter Weise über die künftigen Evolutionen des deutschen Geistes abzuurtheilen. Die Endschaft der „Goethe'schen Kunstperiode", mit welchem Namen ich diese Periode zuerst bezeichnete, habe ich jedoch seit vielen Jahren vorausgesagt. Ich hatte gut prophezeien! Ich kannte sehr gut die Mittel und Wege jener Unzufriedenen, die dem Goethe'schen Kunstreich ein Ende machen wollten, und in den damaligen Emeuten gegen Goethe will man sogar mich selbst gesehen haben. Nun Goethe todt ist, bemächtigt sich meiner darob ein wunderbarer Schmerz."

Ferner sagt Heine dort gelegentlich der Besprechung der neuklassischen Poesie Frankreichs unter Ludwig XIV. VI, 36. und deren Verbreitung im übrigen Europa: „Wir Deutschen, wie sich von selbst versteht, wir bauten dem gepuderten Olymp von Versailles unsere tölpischen Tempel. Der berühmteste Oberpriester derselben war Gottsched, jene grosse Allongeperrücke, die unser theurer Goethe in seinen Memoiren so trefflich beschrieben hat.*) — Lessing war der literarische Arminius, der unser Theater von jener Fremdherrschaft befreite."

---

*) Im 7. Buch des 2. Theils von „Wahrheit und Dichtung" wird erzählt, wie Goethe und Schlosser Gottsched baarhäuptig trafen und wie Dieser, die „grosse Allongeperrücke" mit der Linken auf den Kopf schwingend, seinen Diener mit der Rechten ohrfeigte.

VI, 40-41. Weiterhin setzt Heine den Franzosen auseinander, dass Goethe damals wegen seines „Götz" und „Werther" zwar gepriesen worden sei, aber nicht mehr als die „gewöhnlichsten Stümper". Er habe nur „eine kleine Nische in dem Tempel der Literatur" erhalten, denn jene Werke seien „mehr wegen des Stoffes, als wegen ihrer artistischen Vorzüge" bewundert gewesen. . . . „Der „Götz" war ein dramatisirter Ritterroman, und diese Gattung liebte man damals. In dem „Werther" sah man nur die Bearbeitung einer wahren Geschichte, die des jungen Jerusalem, eines Jünglings, der sich aus Liebe todtgeschossen und dadurch in jener windstillen Zeit einen sehr starken Lärm gemacht; man las mit Thränen seine rührenden Briefe; man bemerkte scharfsinnig, dass die Art, wie Werther aus einer adligen Gesellschaft entfernt worden, seinen Lebensüberdruss gesteigert habe; die Frage über den Selbstmord gab dem Buche noch mehr Besprechung; einige Narren verfielen auf die Idee, sich bei dieser Gelegenheit ebenfalls todtzuschiessen, das Buch machte durch seinen Stoff einen bedeutenden Knalleffekt.*) Die Romane von August Lafontaine wurden jedoch ebenso gern gelesen, und da Dieser unaufhörlich schrieb, so war er berühmter als Wolfgang Goethe. Wieland war der damalige grosse Dichter, mit dem es etwa nur der Herr Odendichter Ramler zu Berlin in der Poesie aufnehmen konnte. Abgöttisch wurde Wieland verehrt, mehr als jemals Goethe.**) Das Theater beherrschte

---

*) Vgl. oben Heine's „Struensee von M. Beer (1828)". XIII, 244.

**) Heine meint hier lediglich die Verehrung des weiteren Publikums, des sogenannten grossen Haufens; denn Eckermann hatte er ja als Goethe-Vergötterer bespöttelt.

Iffland mit seinen bürgerlich larmoyanten Dramen und Kotzebue mit seinen banal witzigen Possen."

Nun schildert Heine, wie die Romantiker mit dieser Literatur aufräumten und Englisches, Spanisches und Altdeutsches zu Ehren brachten. Er eifert gegen die Tendenzen der Schlegel, so sehr er auch „ihre grossen Verdienste um die ästhetische Kritik" zu rühmen weiss; besonders wirft er ihnen engherzigen Patriotismus vor: „Es begann die schäbige, plumpe, ungewaschene Opposition gegen eine Gesinnung, die eben das Herrlichste und Heiligste ist, was Deutschland hervorgebracht hat, nämlich gegen jene Humanität, gegen jene allgemeine Menschenverbrüderung, gegen jenen Kosmopolitismus, dem unsere grossen Geister, Lessing, Herder, Schiller, Goethe, Jean Paul, dem alle Gebildeten in Deutschland immer gehuldigt haben." VI, 52.

Nachdem er zunächst eine vortreffliche Skizze vom alten J. H. Voss geliefert und dessen Keulenschlag „Wie ward Fritz Stolberg ein Unfreier?" genugsam gewürdigt, fährt Heine also fort: VI, 67–68.

„Wurde nun die romantische Schule durch die Enthüllung der katholischen Umtriebe in der öffentlichen Meinung zu Grunde gerichtet, so erlitt sie gleichzeitig in ihrem eigenen Tempel einen vernichtenden Einspruch,*) und zwar aus dem Munde eines

---

*) Als später Görres seinen „Athanasius" gegen die Protestanten richtete, schrieb Heine an Varnhagen v. Ense (31. 3. 1838. XXI, 149): „Warum Sie schweigen, kann ich . . nicht begreifen — Sie der Statthalter Goethe's auf Erden, der Sie die Fackel in Händen tragen, womit Sie die Eulennester zugleich beleuchten und in Asche verwandeln können.

'jener Götter, die sie selbst dort aufgestellt. Nämlich Wolfgang Goethe trat von seinem Postamente herab und sprach das Verdammungsurtheil über die Herren Schlegel, über dieselben Oberpriester, die ihn mit so viel Weihrauch umduftet. Diese Stimme vernichtete den ganzen Spuk; die Gespenster des Mittelalters entflohen; die Eulen verkrochen sich wieder in die obscuren Burgtrümmer....." —

Aehnlich wie in der Recension Menzel's (1828) meint Heine nun, „die schnöde, beleidigende Art", mit der Goethe die Schlegel ablehnte, „röche nach Undank." Schiller hätte Nichts von ihnen wissen wollen und hätte sie ehrlich „Laffen" genannt,*) während Goethe „vornehm über sie hinweggelächelt" habe und sich „beifällig" beweihräuchern liess. Jetzt aber dämmert in Heine eine neue Erkenntniss auf über Goethe's späteres Auftreten gegen die Schlegel:

VI, 69-70. „Vielleicht verdross es aber den tiefschauenden Goethe, dass die Schlegel ihn nur als Mittel zu ihren Zwecken gebrauchen wollten; vielleicht haben ihn, den Minister eines protestantischen Staates, diese Zwecke zu kompromittieren gedroht; vielleicht war es gar der altheidnische Götterzorn, der in ihm erwachte, als er das dumpfe katholische Treiben sah; — denn wie Voss dem starren, einäugigen Odin glich, so glich Goethe dem grossen Jupiter in Denkweise und Gestalt. Jener freilich musste mit Thor's Hammer tüchtig zuschlagen. Dieser brauchte nur das Haupt mit den ambrosischen

---

*) Nur Fr. Schlegel wird wegen seiner Kritik über „Agnes von Lilien" in Schiller's Brief an Goethe vom 16. Mai 1797 ein „Laffe" genannt. Wie so oft citirt Heine ungenau aus dem Gedächtniss.

Locken unwillig zu schütteln, und die Schlegel zitterten und krochen davon. Ein öffentliches Dokumeut jenes Einspruches von Seiten Goethe's erschien im zweiten Hefte der Goethe'schen Zeitschrift „Kunst und Alterthum" und es führt den Titel: „Ueber die christlich-patriotisch-neu-deutsche Kunst".*) Mit diesem Artikel machte Goethe gleichsam seinen 18. Brumaire in der deutschen Literatur ... begründete er ... seine Alleinherrschaft ..."— Unterdessen, fährt Heine fort, seien „einige Dichter" aufgetreten, „die an Kraft und Phantasie Diesem nicht viel nachgaben", „aus Kourtoisie" hätten sie Goethe gehuldigt, aber sie durften auch in seiner Gegenwart „ihren Lorbeerkranz auf dem Haupte behalten." Sie „frondierten" gegen ihn, aber sie litten es nicht, wenn „ein Geringerer" dasselbe wagte. Abermals wird Goethe mit Ludwig XI. verglichen, „der den hohen Adel unterdrückte und den tiers état emporhob", und hinzugefügt:

„Das war widerwärtig, Goethe hatte Angst vor VI, 71-72. jedem selbständigen Originalschriftsteller und lobte und pries alle unbedeutenden Kleingeister; ja er trieb Dieses so weit, dass es endlich für ein Brevet der Mittelmässigkeit galt, von Goethe gelobt worden zu

---

*) Wie Goethe's Hieb bei den Schlegel'n sass, ist am klarsten ersichtlich aus „Dorothea v. Schlegel ... Briefwechsel... herausg. v. Dr. J. M. Raich. (Mainz 1881), Abschnitt XII „Goethe und die christliche Kunst. 1816—1817." Heine führt Goethe's Titel ungenau aus dem Gedächtniss an. Er lautet: „Ueber die Neu-deutsche religios-patriotische Kunst", doch es wird in dem Aufsatze S. 321, „des neuen alterthümelnden, katholisch-christelnden Kunstgeschmackes" Erwähnung gethan.

sein." *) Die neuen Dichter, „die während der Goethe'schen Kaiserzeit hervortraten", werden „ein junger Wald" genannt, „dessen Stämme erst jetzt ihre Grösse zeigen, seitdem die hundertjährige Eiche gefallen ist, von deren Zweigen sie so weit überragt und überschattet wurden." **)

Und nun schildert der Dichter die Opposition „gegen Goethe, diesen grossen Baum."

„Die Altgläubigen, die Orthodoxen ärgerten sich, dass in dem Stamme des grossen Baumes keine Nische mit einem Heiligenbildchen befindlich war, ja dass sogar die nackten Dryaden des Heidenthums darin ihr Hexenwesen trieben, und sie hätten gern mit geweihter Axt, gleich dem heiligen Bonifacius, diese alte Zaubereiche niedergefällt; die Neugläubigen, die Bekenner des Liberalismus ärgerten sich im Gegentheil, dass man diesen Baum nicht zu einem Freiheitsbaum, und am allerwenigsten zu einer Barrikade benutzen konnte. In der That, der Baum war zu hoch, man konnte nicht auf seinen Wipfel eine rothe Mütze stecken und darunter die Carmagnole tanzen. Das grosse Publikum aber verehrte diesen Baum eben, weil er so selbständig herrlich war, weil er so lieblich

---

*) Goedeke („Grundriss" [1859] Bd. I u. II, S. 864) sagt ähnlich vom greisen Goethe: „Alles Bedeutendere übersah er mit Absichtlichkeit oder belegte es mit seinem heftigsten Tadel. Von Goethe gelobt zu werden war damals fast ein ebenso grosses Ungemach, als sein Tadel empfehlend.

.... Es störte ihn Alles, was sich jung und jugendlich kräftig erwies."

**) Als „die ausgezeichnetsten Dichter Deutschlands während der Goethe'schen Periode", natürlich nach Schiller's Tode, nennt Heine (1855): Kleist, Immermann und Grabbe. V, 9.

die ganze Welt mit seinem Wohlduft erfüllte, weil seine Zweige so prachtvoll bis in den Himmel ragten, so dass es aussah, als seien die Sterne nur die goldenen Früchte des grossen Wunderbaumes."
Dies ist eine jener entzückenden Stellen, wo sich Heine's Seele von jedem „Erdenrest" zu befreien scheint, wo er sich gleichsam über sich selbst erhebt und als Lichtgestalt vor uns tritt. Er erfasst Goethe's ganze Grösse und stellt sie dar, indem er sich selbstvergessen vor ihr beugt.

Danach erzählt Heine, wie „nach dem Untergang der Schlegel" die Opposition gegen Goethe mit Pust- VI, 73. kuchen's Satire begann („der alte pietistische Sauerteig, der sich aesthetisch aufgeblasen hat"), worin Goethe vorgeworfen wurde, er schaffe nur vulgäre Gestalten, keine idealen wie Schiller, ihm fehle der moralische Zweck. Mit den Goetheanern meinte Heine, dass die Moral nicht Zweck der Kunst sei, aber sie gingen ihm denn doch im Lobe zu weit, indem sie sich ver- VI, 77. leiten liessen „die Kunst selbst als das Höchste zu proclamieren" und sich „von den Ansprüchen der wirklichen Welt, welcher doch der Vorrang gebührt, abzuwenden." Dieses will Heine nicht unbedingt gelten lassen, und er preist, wie von je, Schiller als Vertreter der Zeitideen, deren Beförderung ja seine eigene Herzenssache und hauptsächliche Moral war. Er meint — und dies ganz unabhängig von den alten Misshelligkeiten — Goethe's „Indifferentismus war ein Resultat seiner pantheistischen Weltansicht . . ." VI, 78-80. und ferner: „Gott manifestirt sich nicht gleichmässig in allen Dingen, wie Wolfgang Goethe glaubte, der dadurch ein Indifferentist wurde, und, statt mit den höchsten Menschheitsinteressen, sich nur mit Kunstspielsachen, Anatomie, Farbenlehre, Pflanzenkunde und Wolkenbeobachtung beschäftigte." Er hebt dagegen Schiller's begeisterte Darstellung befreiungsgeschichtlicher Stoffe hervor und sagt: „Freilich auch Goethe besang einige grosse Emancipationsgeschichten, aber er besang sie als Artist.*) Da er nämlich den christlichen Enthusiasmus, der ihm fatal war, verdriesslich ablehnte, und den philosophischen Enthusiasmus unserer Zeit nicht begriff oder auch nicht begreifen wollte, weil er dadurch aus seiner Gemüthsruhe herausgerissen zu werden fürchtete, so behandelte er den Enthusiasmus überhaupt ganz historisch, als etwas Gegebenes, als einen Stoff, der behandelt werden soll, der Geist wurde Materie unter seinen Händen, und er gab ihm die schöne gefällige Form. So wurde er der grösste Künstler in unserer Literatur, und Alles, was er schrieb, wurde ein abgerundetes Kunstwerk." — Heine zeigt nun darauf hin, wie er einst den nachtheiligen Einfluss der „Kunstperiode" auf Deutschlands politische Entwickluug nachgewiesen habe, und verwahrt sich dann: „Keineswegs jedoch leugnete ich bei dieser Gelegenheit den selbständigen Werth der Goethe'schen Meisterwerke. Sie zieren unser theueres

VI, 81-82.

---

*) In den späten Blättern über „Verschiedenartige Geschichtsauffassung" XIV, 347—351 meint Heine, in Deutschland seien „die Weltweisen der historischen Schule und die Poeten aus der Wolfgang-Goethe'schen Kunstperiode" der Ansicht, die Geschichte der Menschheit wäre aus der kleinen Chronik des einzelnen Menschenlebens erkennbar, und, fügt er hinzu: „Letztere pflegen damit einen sentimentalen Indifferentismus gegen alle politischen Angelegenheiten des Vaterlandes allersüsslichst zu beschönigen." —

Vaterland, wie schöne Statuen einen Garten zieren, aber es sind Statuen. Man kann sich darin verlieben, aber sie sind unfruchtbar; die Goethe'schen Dichtungen bringen nicht die That hervor wie die Schiller'schen..."
Wiederum beschreibt Heine die verschiedenen Beweggründe Derer, die sich gegen Goethe auflehnten. Die Frommen rebellierten weil er „der grosse Heide" war, die „Männer der Bewegung", wie Heine selber, weil er „einen quietisierenden Einfluss auf die deutsche Jugend ausübte." Endlich aber bekennt er: VI, 86.
„Schwerer ist es, das besondere Motiv zu errathen, das jeden Einzelnen bewogen haben mag, seine antigoetheanischen Ueberzeugungen öffentlich auszusprechen. Nur von einer Person kenne ich dieses Motiv ganz genau, und da ich Diese selber bin, so will ich jetzt ehrlich gestehen: es war der Neid."

Neid über die Leistungen Anderer war Heine's schwache Seite sonst durchaus nicht. Das beweist besonders sein Verhältniss zu Immermann und sein lobspendender Brief an Wilhelm Müller (7. 6. 1826), XIX, 380. dem er schreibt, er liebe „keinen Liederdichter ausser Goethe so sehr" wie ihn. Also war es besonders die „Alleinherrschaft" Goethe's, die ihn wurmte und seinen Widerspruchsgeist hervorrief. Er gehörte eigentlich zu den Naturen, die Heroencult treiben, denn er war nicht nur negierend, wie das so Einer dem Andern nachzusprechen pflegt, sondern ein Mensch der Begeisterung.*) Hier aber regte sich die Rebellennatur,

---

*) J. Scherr (Allg. Gesch. d. Lit., 5. Aufl. VI., 290. Anm.) will bei Heine „höchstens eine Begeisterung des Witzes" gelten lassen. So trefflich er sonst Heine charakterisirt, hier geht er zu weit.

die nicht duldet, als untergeordnet behandelt zu werden, und sie verführte ihn bis zur Missgunst. Heine schämte sich mit Recht dieser Schwäche und fügte zu seiner Beichte, gewissermaassen zur Beschwichtigung des Gewissens, die Worte:

„Zu meinem Lobe muss ich jedoch nochmals erwähnen, dass ich in Goethe nie den Dichter angegriffen, sondern nur den Menschen. Ich habe nie seine Werke getadelt. Ich habe nie Mängel darin sehen können, wie jene Kritiker, die mit ihren feingeschliffenen Augengläsern auch die Flecken im Monde bemerkt haben, — die scharfsichtigen Leute! Was sie für Flecken ansahen, das sind blühende Wälder, silberne Ströme, erhabene Berge, lachende Thäler."

„Nichts ist thörichter als die Geringschätzung Goethe's zu Gunsten des Schiller, mit welchem man es keineswegs ehrlich meinte, und den man von jeher pries, um Goethe herabzusetzen. Oder wusste man wirklich nicht, dass jene hochgerühmten, hochidealischen Gestalten, jene Altarbilder der Tugend und Sittlichkeit, die Schiller aufgestellt, weit leichter zu verfertigen waren, als jene sündhaften, kleinweltlichen befleckten Wesen, die uns Goethe in seinen Werken erblicken lässt?"

„Goethe's grösstes Verdienst ist die Vollendung Alles dessen, was er darstellt; da giebt es keine Partien, die stark sind, während andere schwach, da ist kein Theil ausgemalt, während der andere nur skizzirt worden, da giebt es keine Verlegenheit, kein herkömmliches Füllwerk, keine Vorliebe für Einzelheiten. Jede Person in seinen Romanen und Dramen behandelt er, wo sie vorkömmt, als wäre sie die

Hauptperson. So ist es auch bei Homer, so bei Shakespeare."

Dann spricht Heine von den Goethe-Apologisten, deren Ueberschwang ihm zu weit geht: „Auf der Grenze des Lächerlichen steht in dieser Hinsicht Einer VI, 90-92. Namens Herr Eckermann, dem es übrigens nicht an Geist fehlt." Dagegen lobt er Immermann, Varnhagen, W. v. Humboldt, Schubart, W. Alexis und Zimmermann.

Goethe's „Faust" wird von ihm „die weltliche Bibel der Deutschen" genannt. „Der Stoff" sagt er, „ist hier wieder der Hauptgrund weshalb der „Faust" so populär ist; dass er jedoch den Stoff herausgesucht aus den Volkssagen, das zeugt eben von Goethe's unbewusstem Tiefsinn, von seinem Genie, das immer das Nächste und Rechte zu ergreifen wusste . . ."

„Minder bekannt als der „Faust"," fährt Heine VI, 94-97. fort, nachdem er die Faustsage besprochen, „ist hier in Frankreich Goethe's „West-östlicher Divan", ein späteres Buch, von welchem Frau von Staël noch nicht Kenntniss hatte, und dessen wir hier besonders erwähnen müssen. Es enthält die Denk- und Gefühlsweise des Orients, in blühenden Liedern und kernigen Sprüchen; und das duftet und glüht darin, wie ein Harem voll verliebter Odalisken mit schwarzen geschminkten Gazellenaugen und sehnsüchtig weissen Armen . . ."
— „den berauschendsten Lebensgenuss hat hier Goethe in Verse gebracht, und diese sind so leicht, so glücklich, so hingehaucht, so ätherisch, dass man sich wundert, wie dergleichen in deutscher Sprache möglich war. Dabei giebt er auch in Prosa die allerschönsten Erklärungen über Sitten und Treiben im Morgenlande, über das patriarchalische Leben der Araber; und da

ist Goethe immer ruhig lächelnd, und harmlos wie ein Kind, und weisheitsvoll wie ein Greis. Diese Prosa ist so durchsichtig wie das grüne Meer, wenn heller Sommernachmittag und Windstille, und man ganz klar hinabschauen kann in die Tiefe, wo die versunkenen Städte mit ihren verschollenen Herrlichkeiten sichtbar werden; — manchmal ist aber auch jene Prosa so magisch, so ahnungsvoll, wie der Himmel, wenn die Abenddämmerung heraufgezogen, und die grossen Goethe'schen Gedanken treten dann hervor, rein und golden wie die Sterne. Unbeschreiblich ist der Zauber dieses Buches; es ist ein Selam, den der Occident dem Oriente geschickt hat; und es sind gar närrische Blumen darunter, sinnlich rothe Rosen, Hortensien wie weisse nackte Mädchenbusen, spasshaftes Löwenmaul, Purpurdigitalis wie lange Menschenfinger, verdrehte Krokosnasen, und in der Mitte, lauschend verborgen, stille deutsche Veilchen. Dieser Selam aber bedeutet, dass der Occident seines frierend mageren Spiritualismus überdrüssig geworden und an der gesunden Körperwelt des Orients sich wieder erlaben möchte. Goethe, nachdem er im „Faust" sein Missbehagen an dem abstrakt Geistigen und sein Verlangen nach reellen Genüssen ausgesprochen, warf sich gleichsam mit dem Geiste selbst in die Arme des Sensualismus, indem er den West-östlichen Divan schrieb."

So wie Heine auf Goethe's freie und reizvolle Darstellung des Sinnlichen zu sprechen kommt, wird ihm, dem Uebertreiber dieser Richtung, besonders warm um's Herz, während Wolfgang Menzel gerade hierüber zelotisch wird und neben grenzenloser Uebertreibung doch manches Wahre, Warnende ausspricht.

Goethe blieb meistens in gewissen Schranken, über die Heine hinaustrat, schon weil er von Haus aus nicht den Halt einer geregelten Erziehung und feinen Umgebung besass. Daher war Goethe's sinnliche Richtung für Heine ein gefährliches Vorbild. Unwillkürlich schuf er das Unverhüllte, indem er sich das wenig Verhüllte zum Muster nahm. Angegriffen, vertheidigte er sich mit dem Hinweis auf Goethe. Freilich nur mit halber Berechtigung; denn „Klassische Nacktheit" ist erträglicher wie moderne, und Goethe wusste meistens dem Sinnlichen eine Form zu geben, durch die es, in antiker oder doch fremdländischer Gewandung, anregt, ohne zu beleidigen.

Nach seiner glänzenden Würdigung des „Divan" betont Heine, „dass Goethe, indem er Persien und Arabien so freudig besang, gegen Indien den be- VI, 97. stimmtesten Widerwillen aussprach." „Ihm missfiel an diesem Lande das Bizarre, Verworrene, Unklare, und vielleicht entstand diese Abneigung dadurch, dass er bei den sanskritischen Studien der Schlegel und ihrer Herren Freunde eine katholische Hinterlist witterte. Diese Herren betrachteten nämlich Hindostan als die Wiege der katholischen Weltordnung." . . . . Heine mag hier eine richtige Ahnung ausgesprochen haben; er vergass jedoch anzuführen, was sich aus dem 2. Buch der „Zahmen Xenien" ergiebt, dass nämlich sich Goethe's Widerwille nur gegen die indischen Götzenbilder richtete, nicht gegen die indische Dichtung.*)

---

*) Vergl. Goethe's Entzücken über Kalidasa's „Sakontula" (XXIII, 230); Heine selbst bemerkte später (XIII, 332) Goethe's Benutzung dieser Dichtung „im Anfang des „Faust"," worunter das „Vorspiel auf dem Theater" zu verstehen ist.

Danach rühmt Heine Johannes Falk's Schrift, „Goethe aus näherem persönlichem Umgange dargestellt"*):

„Er zeigt uns denselben in allen Beziehungen des Lebens ganz naturgetreu, ganz unparteiisch, mit allen seinen Tugenden und Fehlern. Hier sehen wir Goethe im Verhältniss zu seiner Mutter, deren Naturell sich so wunderbar im Sohn wieder abspiegelt; hier sehen wir ihn als Naturforscher, wie er eine Raupe beobachtet, die sich eingesponnen und als Schmetterling entpuppen wird, hier sehen wir ihn dem grossen Herder gegenüber, der ihm ernsthaft zürnt ob dem Indifferentismus, womit Goethe die Entpuppung der Menschheit selbst unbeachtet lässt; wir sehen ihn, wie er am Hofe des Grossherzogs von Weimar, lustig improvisirend, unter blonden Hofdamen sitzt, gleich dem Apoll unter den Schafen des Königs Admetos; wir sehen ihn dann wieder, wie er mit dem Stolze eines Dalai-Lama den Kotzebue nicht anerkennen will, wie Dieser, um ihn herabzusetzen, eine öffentliche Feier zu Ehren Schiller's veranstaltet; — überall aber sehen wir ihn klug, schön, liebenswürdig, eine holdselig erquickende Gestalt, ähnlich den ewigen Göttern." . . . Und es folgt nun die bereits angeführte Schilderung von Goethe's Wesen, wie es Heine, nach verrauchtem Groll über den Besuch in Weimar, empfand; eine Schilderung, der nur noch die Worte hinzuzufügen sind:

„Goethe hatte das einflussreichste Beispiel gegeben, wie man ein deutscher Dichter sein kann und dennoch den äusserlichen Anstand zu bewahren vermag."**)

---

*) Ersch. 1832 nach Falk's Tode.
**) Eleganz des Anzugs und Benehmens ist gemeint, die sich Heine allmählig anzueignen wüsste.

Ueber Tieck's Novellen, die modernes Bürgerthum beschreiben, urtheilt Heine ebenda: „das Studium VI, 143. Goethe's ist darin sichtbar, sowie überhaupt Herr Tieck in seiner dritten Manier als ein wahrer Schüler Goethe's erscheint. Dieselbe artistische Klarheit, Heiterkeit, Ruhe und Ironie. War es früher der Schlegel'schen Schule nicht gelungen, den Goethe zu sich heranzuziehen, so sehen wir jetzt, wie diese Schule, repräsentirt von Herrn Ludwig Tieck, zu Goethe überging. Wie bei Cervantes und Goethe seien bei Tiek Ironie und Humor verschmolzen. „Diese humoristische Ironie", VI. 147. führt Heine aus, „ist nur ein Zeichen unserer politischen Unfreiheit, und wie Cervantes zur Zeit der Inquisition zu einer humoristischen Ironie seine Zuflucht nehmen musste, um seine Gedanken anzudeuten, ohne den Familiaren des heiligen Offiz eine fassbare Blösse zu geben, so pflegte auch Goethe im Tone einer humoristischen Ironie Dasjenige zu sagen, was er, der Staatsminister und Höfling, nicht unumwunden auszusprechen wagte. Goethe hat nie die Wahrheit verschwiegen, sondern, wo er sie nicht nackt zeigen durfte, hat er sie in Humor und Ironie gekleidet."

Es bedarf kaum des Hinweises, dass Heine's eigene Mittheilungsform oft ähnlichem Zwange entsprang, nur dass er, bald vogelfrei geworden, den Mantel fallen liess, sowie es anging.

Von Jean Paul wird weiterhin gesagt, dass er VI. 225. ohne Gemeinschaft mit der romantischen Schule und der Goethe'schen Kunstschule gewesen sei, und von Heinrich Laube, dass ihn sein angeborener Kunstsinn VI, 227. „vor der grossen Verirrung jenes patriotischen Pöbels" geschützt habe, „der noch immer nicht aufhört, unseren grossen Meister Goethe zu verlästern und zu schmähen". Nicht als wenn Heine damit den Vorwurf gegen Goethe's Gleichgültigkeit in politischer Hinsicht zurücknehmen wollte! Patriotismus bringt er hier in Gegensatz zu Kosmopolitismus.

VI, 245. Schliesslich ruft er aus, als er von Fielding spricht: „Doch wozu als Beispiel die Engländer wählen, da unser Goethe in seinem „Wilhelm Meister" das beste Muster eines Romans geliefert hat."

Ein Jahr darauf, 1834, veröffentlichte Heine in der „Revue des deux Mondes", und gleichzeitig in deutscher Sprache, seine Schrift „zur Geschichte der Religion und Philosophie in Deutschland". Es heisst
V, 159-160. darin, Friedrich Nicolai habe „manchmal wirkliche Riesen für blosse Windmühlen" angesehen, „z. B. einen Wolfgang Goethe". Er schrieb eine Satire*) gegen dessen Werther, worin er alle Intentionen des Autors auf's Plumpste verkannte. Indessen in der Hauptsache hatte er immer Recht; wenn er auch nicht begriffen, was Goethe mit seinem Werther eigentlich sagen wollte, so begriff er doch ganz gut dessen Wirkung, die weichliche Schwärmerei, die unfruchtbare Sentimentalität,**), die durch den Roman aufkam und mit jeder vernünftigen Gesinnung, die uns Noth that, in feindlichem Widerspruch war. Hier stimmte Nicolai ganz überein mit Lessing" ... und

---

*) „Freuden des jungen Werther. — Leiden und Freuden Werther's des Mannes. — Voran und zuletzt ein Gespräch. Berlin, bei Friedrich Nicolai, 1775. 8. 4 Bogen."

**) Hiergegen richtet sich auch die 31. Strophe von „der weisse Elephant" in Heine's „Romancero" (1851) XVIII, 28.

es folgt die bekannte Briefstelle,*) in welcher Lessing für „Werther" „eine kleine kalte Schlussrede" wünscht, damit nicht „die poetische Schönheit für die moralische" genommen werde. Ueber Nicolai's Satire fügt Heine witzig hinzu: „Werther wird lächerlich, bleibt leben, heirathet Charlotte, kurz, endet noch tragischer als im Goethe'schen Original." —

In demselben Werk bespricht Heine Fichte's Auf- v, 224. geben des Jenenser Lehrstuhls in Folge einer Rüge wegen Atheismus und dessen Aerger über das Verhalten Herder's und Goethe's in dieser Angelegenheit. Er führt nun Goethe's bedauernde Darstellung**) der Fichte'schen Sache an, die sehr richtig hervorhebt, dass Fichte „Aeusserungen über Gott und göttliche Dinge" gethan, „über die man freilich besser ein tiefes Stillschweigen beobachtet", und dass er „mit Trotz und Ungestüm" allen „gegen ihn gehegten guten Willen paralysirt" habe. Heine natürlich, dessen Leidenschaft es war, wohlthätige Schleier zu zerreissen, eifert v, 227-233. darüber: „Ist Das nicht, wie er leibt und lebt, der ministerielle, schlichtende, vertuschende Goethe? Er rügt im Grunde nur, dass Fichte Das gesprochen, was er dachte, und dass er es nicht in den hergebrachten verhüllenden Ausdrücken gesprochen. Er tadelt nicht den Gedanken, sondern das Wort. Dass der Deismus in der deutschen Denkerwelt seit Kant vernichtet sei, war, ... ein Geheimniss, das Jeder wusste, das man aber nicht laut auf dem Markte ausschreien sollte.

---

*) An Eschenburg. Wolfenbüttel. 26. 10. 1774. —
**) s. Goethe's „Annalen" — 1794. — 1803. —

Nun scheint es, als wolle Heine scharf über Goethe herfahren; aber ganz im Gegentheil: er bewährt seine Eigenschaft des „schwingenden Gehirns." „Kein Mensch von schwingendem Gehirn", sagt Fr. Th. Vischer,*) „hängt niet- und nagelfest an der Hälfte einer ganzen oder der einen Seite einer zweiseitigen Wahrheit." So lesen wir denn bei Heine weiter:

„Goethe war so wenig Deist wie Fichte; denn er war Pantheist. Aber eben von der Höhe des Pantheismus konnte Goethe mit seinem scharfen Auge die Haltlosigkeit der Fichte'schen Philosophie am besten durchschauen, und seine milden Lippen mussten darob lächeln. Den Juden, was doch die Deisten am Ende Alle sind, musste Fichte ein Greuel sein; dem grossen Heiden war er bloss eine Thorheit. „Der grosse Heide" ist nämlich der Name, den man in Deutschland dem Goethe beilegt. Doch ist dieser Name nicht ganz passend. Das Heidenthum des Goethe ist wunderbar modernisirt. Seine starke Heidennatur bekundet sich in dem klaren scharfen Auffassen aller äusseren Erscheinungen, aller Farben und Gestalten; aber das Christenthum **) hat ihn zu gleicher Zeit mit einem tiefen Verständniss begabt, trotz seines sträubenden Widerwillens hat das Christenthum ihn eingeweiht in die Geheimnisse der Geisterwelt, er hat vom Blute

---

*) „Auch Einer" II. Aufl. 1879. Thl. II., S. 231, vrgl. auch den folg. Satz von der „Kraft der Einseitigkeit", daraus sich Manches gegen Heine schöpfen liesse.

**) XII., 76—7, vier Jahre früher maass Heine nur Shakespeare die „harmonische Vermischung der beiden Elemente" bei, nun fand er sie auch bei Goethe, da die Leidenschaft seinen Blick nicht mehr trübte.

Christi genossen, und dadurch verstand er die verborgensten Stimmen der Natur, gleich Siegfried, dem Nibelungenheld, der plötzlich die Sprache der Vögel verstand, als ein Tropfen Blut des erschlagenen Drachen seine Lippen benetzte. Es ist merkwürdig wie bei Goethe jene Heidennatur von unserer heutigsten Sentimentalität durchdrungen war, wie der antike Marmor so modern pulsierte, und wie er die Leiden eines jungen Werther's ebenso stark mitempfand, wie die Freuden eines alten Griechengotts. Der Pantheismus des Goethe ist also von dem heidnischen sehr unterschieden. Um mich kurz auszudrücken: Goethe war der Spinoza der Poesie. Alle Gedichte Goethe's sind durchdrungen von demselben Geiste, der uns auch in den Schriften des Spinoza anweht."

Heine führt nun weiter aus, dass der Pantheismus, ehe er in Deutschland „als philosophische Theorie zur Herrschaft gelangte", „praktisch in der deutschen Kunst geblüht habe", dass sogar die katholischen Romantiker unbewusst dieser Richtung folgten, und dass Goethe sie am bestimmtesten aussprach." „Dieses geschieht schon im Werther, wo er nach einer liebeseligen Identificierung mit der Natur schmachtet. Im Faust sucht er ein Verhältniss mit der Natur anzuknüpfen auf einem trotzig mystischen, unmittelbaren Wege; er beschwört die geheimen Erdkräfte durch die Zauberformeln des Höllenzwangs. Aber am reinsten und lieblichsten beurkundet sich dieser Goethe'sche Pantheismus in seinen kleinen Liedern. Die Lehre des Spinoza hat sich aus der mathematischen Hülle entpuppt und umflattert uns als Goethe'sches Lied. Daher die Wuth unserer Orthodoxen und Pietisten gegen das Goethe'sche

Lied. Mit ihren frommen Bärentatzen tappen sie nach diesem Schmetterling, der ihnen beständig entflattert. Das ist so zart ätherisch, so duftig beflügelt. Ihr Franzosen könnt euch keinen Begriff davon machen, wenn ihr die Sprache nicht kennt. Diese Goethe'schen Lieder haben einen neckischen Zauber, der unbeschreibbar. Die harmonischen Verse umschlingen dein Herz wie eine zärtliche Geliebte; das Wort umarmt dich, während der Gedanke dich küsst."

Diejenigen, welche Goethe's Betragen gegen Fichte tadelten, weist Heine also zurück: „Sie berücksichtigten nicht Goethe's Lage. Dieser Riese war Minister in einem deutschen Zwergstaate. Er konnte sich nie natürlich bewegen. Man sagte von dem sitzenden Jupiter des Phidias zu Olympia, dass er das Dachgewölbe des Tempels zersprengen würde, wenn er Einmal plötzlich aufstünde. Dies war ganz die Lage Goethe's zu Weimar; wenn er aus seiner stillsitzenden Ruhe einmal plötzlich in die Höhe gefahren wäre, er hätte den Staatsgiebel durchbrochen, oder, was noch wahrscheinlicher, er hätte sich daran den Kopf zerstossen. Und dieses sollte er riskieren für eine Lehre, die nicht blos irrig, sondern auch lächerlich? Der deutsche Jupiter blieb ruhig sitzen, und liess sich ruhig anbeten und beräuchern." —

Aus demselben Jahre, 1834, stammt die französische[*]) Abfassung von Heine's Schrift „Elementargeister und Dämonen", worin er sich durch den deutschen Volksglauben an die „Willi's", jene vor der Hochzeit gestorbenen Bräute, welche die entbehrten Lebensfreuden

---

[*]) Die deutsche Ausgabe erschien 1837.

suchen, „an eins der schönsten Gedichte Goethe's, d..
Braut von Corinth", erinnert fühlt und bemerkt: „Das VII, 39.
Thema dieses Gedichtes ist uralt und verliert sich hoch
hinauf in die Schauernisse der thessalischen Märchen.
Aelian erzählt davon, und Aehnliches berichtet Philostratus im Leben des Apollonius von Tyana. Es ist
die fatale Hochzeitsgeschichte, wo die Braut eine
Lamia ist."*)

In demselben Werke spricht Heine von der „ver- VII, 107.
dammten Logik" des Teufels in einem der älteren
Puppenspiele und meint, dass Jeder selbst beurtheilen
könne, „wie weit Goethe in seinem Mephisto jenen
Charakterzug exploitiert hat". Und weiterhin bemerkt
er: „Etwas Cynisches hat der Teufel . . ., und diesen VII, 109.
Charakterzug hat Niemand besser beleuchtet wie unser
Dichter Wolfgang Goethe."

Aus diesen behaglichen Worten lässt sich schliessen,
wie Heine's ironischer und cynischer Begabung durch
die Gestalt des Mephistopheles Vorschub geleistet wurde.

Erfreulich ist es zu sehen, wie Heine sich von der
Missstimmung gegen Goethe soweit befreite, dass er
den Franzosen in dem Buch „Ueber Deutschland",
dessen einzelnen Theilen die obigen Stellen entnommen
sind, eine schöne neidlose Schilderung seines erhabenen
Zeitgenossen liefern konnte, aus der sogar ein freudiger
Stolz hervorleuchtet, der zu sagen scheint: solchen
Geist hat Frankreich nicht aufzuweisen. „Unser grosser

---

*) Goethe's eigentliche Quelle, Phlegon Trallianus, bringt
Heine nicht bei, aber Viehoff in „Goethe's Gedichte" I., 266.
Aelian spricht nur von einer Hetäre, die Lamia hiess, während
allerdings Philostrat a. a. O. berichtet, dass man bei Korinth
eine Lamia sah, die schöne Jünglinge verschlang.

Meister Goethe" sagt Heine mit dem Vollgefühle eines deutschen Dichters und mit bescheidener, einsichtiger Unterordnung seiner selbst. — In einem Briefe Heine's an seinen Verleger Campe (Paris, 2. 7. 1835) entschuldigen sein langes Stillschweigen die Verse Goethe's („Divan". Buch des Sängers. Dreistigkeit.):

„Eh' er singt und eh' er aufhört,
Muss der Dichter leben —"

In den „Florentinischen Nächten" (1836) sieht sich Heine durch Bellini's „Calembourgs in ihrer possierlichen Abgeschmacktheit" an „das Schloss des Prinzen von Pallagonien" erinnert, „welches Goethe in seiner italiänischen Reise*) als ein Museum von barocken Verzerrtheiten und ungereimt zusammengekoppelten Missgestalten schildert"..

So finden wir den Dichter immer von Neuem mit Goethe beschäftigt. Sein „Tannhäuser" singt (in „Die Götter im Exil" 1836):

„In Weimar, dem Musenwittwensitz,
Da hört' ich viel Klagen erheben,
Man weinte und jammerte: Goethe sei todt,
Und Eckermann sei noch am Leben!"

Eckermann's „Gespräche mit Goethe" waren gerade erschienen, jedoch nur die ersten beiden Bände, in denen die missfällige Bemerkung über Heine's Streit mit Platen noch nicht stand, so dass der Hieb auf Eckermann keinen anderen Grund hat, als den schon erwähnten: die überschwängliche Verehrung erschien Heine komisch. Uebrigens sprach er Eckermann, wie wir sahen, den Geist nicht ab und er las die „Gespräche"

---

*) Palermo, Montag, den 9. April 1787.

gern, obgleich er das Vergnügen daran „pomadig" nennt. Noch von seinem Krankenlager schrieb Heine an Georg Weerth (Paris, 5. 11. 1851): XXII, 236.

„Ich habe vor einiger Zeit wieder Eckermann's Gespräche mit Goethe gelesen und ein wahrhaft pomadiges, besänftigendes Vergnügen daran gefunden." Er räth es Weerth auch zu lesen und bittet, ihm den dritten Band zu verschaffen; denn „ich beschäftige mich gern zu meiner Geistesabspannung mit solcher Lekture". —

Höchst wunderlich vergleicht Heine anlässlich einer Besprechung von Meyerbeer's „Hugenotten" (1836) XIII, 294. den Kunstsinn „des grossen Maëstro" mit dem Goethe's, nur dass Meyerbeer leidenschaftlicher sei. Besser rühmt er von Ferdinand Hiller (1844): „Geist und Wissen- XI, 400-401. schaft mögen wohl manchmal in den Kompositionen dieses Doktrinärs etwas kühlend wirken, jedenfalls aber sind sie immer anmuthig, reizend und schön. Von schiefmäuliger Excentricität ist hier keine Spur, Hiller besitzt eine artistische Wahlverwandtschaft mit seinem Landsmann Wolfgang Goethe."

Ueber Chopin am Klavier schrieb er (1837): „Er XI, 276-277. ist alsdann weder Pole, noch Franzose, noch Deutscher, er verräth dann einen weit höheren Ursprung, man merkt alsdann, er stammt aus dem Lande Mozart's, Raphael's, Goethe's, sein wahres Vaterland ist das Traumreich der Poesie."

An einer anderen Stelle (1843) nennt Heine als X, 128. „verklärte Genien" und „grosse Todte": „Homer, Sophokles, Dante, Cervantes, Shakespeare, Goethe".

Ueber den Vorwurf gegen Dumas, er habe die Tragödien Anderer geplündert, schreibt Heine (Mai 1837

in den Briefen an A. Lewald „Ueber die französiche
Bühne"):

XI, 206.

„Nichts ist thörichter als dieser Vorwurf des Plagiats, es giebt in der Kunst kein sechstes Gebot,*) der Dichter darf überall zugreifeu, wo er Material zu seinen Werken findet, und selbst ganze Säulen mit ausgemeisselten Kapitälern darf er sich zueignen, wenn nur der Tempel herrlich ist, den er damit stützt. Dieses hat Goethe sehr gut verstanden, und vor ihm sogar Shakespeare." Und ähnlich heisst es in Heine's späteren „Gedanken und Einfällen":

XIII, 350.

„Wie Homer nicht allein die Ilias gemacht, hat auch Shakespeare nicht allein seine Tragödien geliefert — er gab nur den Geist, der die Vorarbeiten beseelte. Bei Goethe sehen wir Aehnliches — seine Plagiate."

Im Jahre 1837 erhielt nämlich Heine dadurch einen erneuten Sporn sich über Goethe zu äussern, dass die zweite Auflage von Wolfgang Menzel's „Die deutsche Literatur" an's Licht trat, in der nun auch über ihn der Stab gebrochen ward und die Verurtheilung Goethe's aufrecht erhalten wurde. Wer schon einem Goethe Genie und Charakter absprach und ihm Grausamkeit und Wollust beimass, was konnte Der noch an einem Heine zu loben finden? Freilich, der Stich gegen die Immoralität war nicht ohne Wahrheit; und darum dreht Heine den Spiess herum und macht sich über Menzel's Hässlichkeit und Tugend lustig, indem er sagt („Ueber den Denuncianten" 1837):

XIV, 62.

„Herr Menzel wird von seinem Aeussern auf's Glänzendste unterstützt, wenn er das Laster fliehen

---

*) Heine meint das siebente Gebot.

will. Der arme Goethe war nicht so glücklich begabt, und es war ihm nicht vergönnt, immer tugendhaft zu bleiben."

Schon bei der Besprechung von „Anton Reiser" und von Goethe's „Divan" wurde klar, wie sympathisch sich Heine von der Goethe'schen freien Darstellung der Sinnenlust berührt fühlte; und so erscheint es verständlich, wenn er in seinem „Atta Troll" (1841—2) XVII, 68. im Zuge der wilden Jagd freudig Goethe erblickt:

„Auch der Helden des Gedankens
Sah ich Manchen in dem Zuge:
Ich erkannte unsern Wolfgang
An dem heitern Glanz der Augen —"

„Denn, verdammt von Hengstenberg,
Kann er nicht im Grabe ruhen,
Und mit heidnischem Gelichter
Setzt er fort des Lebens Jagdlust."

In demselben Sinne lässt der Dichter des „Atta Troll" den in einen Mops verwandelten Schwabendichter erzählen: XVII, 91.

„... bin kein frivoler
Goetheaner, ich gehöre
Zu der Dichterschule Schwabens."

Und im vierten Tableau der Pantomime „Die Göttin Diana" (1853) nennt Heine die Dichter „Ovidius, Klingsohr von Ungerlánd, Gottfried von Strassburg und Wolfgang Goethe" als solche, „die der Volksglaube wegen ihres sensualistischen Rufes oder wegen ihrer Fabelhaftigkeit in den Venusberg versetzt hat."

Gewiss dachte Heine, der sonst so oft von Goethe's Altwerden sprach, nur an dessen „Divan" und „Helena", wenn er nun (1837) in der Vorrede zur zweiten Auflage des „Buchs der Lieder" sagt: XV, 10.

„Es ist ein betrübender Anblick, wenn ein Schriftsteller vor unseren Augen, Angesichts des ganzen Publikums, allmälig alt wird. Wir haben's gesehen, nicht bei Wolfgang Goethe, dem ewigen Jüngling, aber bei August Wilhelm von Schlegel, dem bejahrten Gecken . . . —"
Indem Heine fortwährend die Menzel'schen Missurtheile vorschweben, gelingt es ihm, sich selbst von manchem Irrthum zu befreien. In den erwähnten Briefen an Lewald „Ueber die französische Bühne" (1837) nennt er sich „einen deutschen Dichter, der in der Unparteilichkeit Goethe'scher Künstlerweise auferzogen worden", während die Franzosen mittelalterliche Stoffe unbewusst mit einer „modern-liberalen Opposition" behandelten . . . . . „ich bin für die Autonomie der Kunst; weder der Religion, noch der Politik soll sie als Magd dienen, sie ist sich selber letzter Zweck, wie die Welt selbst.*) Hier begegnen wir denselben einseitigen Vorwürfen, die schon Goethe von unseren Frommen zu ertragen hatte, und wie dieser muss auch Victor Hugo die unpassende Anklage hören, dass er keine Begeisterung empfände für das Ideale, dass er ohne moralischen Halt, dass er ein kaltherziger Egoist sei." —

In denselben Briefen wird als Gegensatz zur französischen Tragödie angeführt: „Der Werth deutscher Tragödien, wie die von Goethe, Schiller, Kleist, Immermann, Grabbe, Oehlenschläger, Uhland, Grillparzer,

---

*) Dieser Auffassung der „Goetheaner" trat Heine schon in der „romantischen Schule" (1833) bei (vgl. VI., 74—76), nur dass er durchaus die Kunst nicht über die Politik gestellt wissen will (VI., 74).

Werner und dergleichen Grossdichtern besteht mehr in der Poesie als in der Handlung und Passion."

. Ferner hebt Heine hervor, dass „das Natürlichkeits- XI, 199. system, der Ifflandianismus, der einst in Deutschland grassirte, von Weimar aus, besonders durch den Einfluss von Schiller und Goethe besiegt wurde." —

· „Was ist in der Kunst das Höchste?" So fragte einige Jahre später der Goethebekehrte (Musikal. Saison Paris, 20. 3. 1843); und er gab sich die Antwort: XI, 373. „Das was auch in allen anderen Manifestationen des Lebens das Höchste ist: die selbstbewusste Freiheit des Geistes . . ." „Ja dieses Selbstbewusstsein der Freiheit in der Kunst offenbart sich ganz besonders durch die Behandlung, durch die Form, in keinem Falle durch den Stoff, und wir können im Gegentheil behaupten, dass die Künstler, welche die Freiheit selbst und die Befreiung zu ihrem Stoffe gewählt, gewöhnlich von beschränktem, gefesseltem Geiste, wirklich Unfreie sind. Diese Bemerkung bewährt sich heutigen Tages ganz besonders in der deutschen Dichtkunst, wo wir mit Schrecken sehen, dass die zügellos trotzigsten Freiheitssänger, beim Licht betrachtet, meist nur bornierte Naturen sind, Philister, deren Zopf unter der rothen Mütze hervorlauscht, Eintagsfliegen, von denen Goethe sagen würde:*)

> Matte Fliegen! Wie sie rasen!
> Wie sie, sumsend überkeck,
> Ihren kleinen Fliegendreck
> Träufeln auf Tyrannennasen!

---

*) Aehnliche Ansichten und Ausdrücke finden sich wohl bei Goethe, nicht aber dieser Spruch, den Heine entweder irrthümlich Goethe zuschrieb, oder ihn, Goethe copierend, aus sich selbst schöpfte.

Die wahrhaft grossen Dichter haben immer die grossen Interessen ihrer Zeit anders aufgefasst, als in gereimten Zeitungsartikeln, und sie haben sich wenig darum bekümmert, wenn die knechtische Menge, deren Rohheit sie anwidert, ihnen den Vorwurf des Aristokratismus machte."
Wie sehr hatte sich Heine geändert! Sechzehn Jahre früher schalt er in jenem Zornbrief an Moser Goethen einen Aristokratenknecht. Jetzt würde er sich anders ausgedrückt haben, da er selbst mittlerweile von den Ultra's als Abtrünniger verketzert worden war. Für Befreiung kämpfte er sein Leben lang, nur war sein Freiheitsbegriff ein anderer geworden.

Aus alledem leuchtet hervor, dass Heine als Kunstkritiker immer mehr und mehr zu Goethe's Fahne schwört, so wenig auch diese Anlehnung aus seinen Dichtungen nachweisbar wäre. Am meisten aber verdient es Anerkennung, dass er sich auf dem einzigen Gebiet, wo er sich Goethe einigermaassen nahe fühlen durfte, auf dem der Lyrik, bescheiden unterordnet.

In der „Einleitung zum Don Quixote" (1837) setzt nämlich Heine auseinander, dass die Spanier im Roman, die Engländer im Drama das Höchste leisteten. „Und den Deutschen", fragt er dann, „welche Palme bleibt ihnen übrig? Nun, wir sind die besten Liederdichter dieser Erde. Kein Volk besitzt so schöne Lieder, wie die Deutschen. Jetzt haben die Völker allzuviele politische Geschäfte; wenn aber diese einmal abgethan sind, wollen wir Deutsche, Britten, Spanier, Franzosen, Italiäner, wir wollen alle hinausgehen in den grünen Wald und singen, und die Nachtigall soll Schiedsrichterin sein. Ich bin überzeugt, bei diesem Wettgesange wird das Lied von Wolfgang Goethe den Preis gewinnen . . ." „Vielleicht ist der Schreiber dieser Blätter besonders befugt, unsern grossen Landsmann als den vollendetsten Liederdichter zu preisen. Goethe steht in der Mitte zwischen den beiden Ausartungen des Liedes, jenen zwei Schulen, wovon die eine leider mit meinem eigenen Namen, die andere mit dem Namen Schwabens bezeichnet wird."

Dann heisst es dort über Shakespeare, Cervantes und Goethe: „. . . diese Namen halten zusammen, wie durch ein geheimes Band. Es strahlt ein verwandter Geist aus ihren Schöpfungen; es weht darin eine ewige Milde, wie der Athem Gottes, es blüht darin die Bescheidenheit der Natur. Wie an Shakespeare, erinnert Goethe uns beständig an Cervantes, und diesem ähnelt er bis in die Einzelheiten des Stils, in jener behaglichen Prosa, die von der süssesten und harmlosesten Ironie gefärbt ist. Cervantes und Goethe gleichen sich sogar in ihren Untugenden, in der Weitschweifigkeit der Rede, in jenen langen Perioden, die wir zuweilen bei ihnen finden, und die einem Aufzug königlicher Equipagen vergleichbar. Nicht selten sitzt nur ein einziger Gedanke in so einer breitausgedehnten Periode, die wie eine grosse vergoldete Hofkutsche mit sechs panachierten Pferden gravitätisch dahinfährt. Aher dieser einzige Gedanke ist immer etwas Hohes, wo nicht gar der Souverän." Dann schreibt Heine an August Lewald (Paris, 25. 1. 1837) über den deutschen Prosastil, den er selbst so sorgfältig pflegte: XXI 53.

„Ihrem Stile muss ich die höchsten Lobsprüche zollen. Jch bin kompetent in Beurtheilung des Stils.

Nur bei Leibe, vernachlässigen Sie sich nicht und studieren Sie immerfort die Sprachwendungen und Wortbildungen von Lessing, Luther, Goethe, Varnhagen und H. Heine; Gott erhalte diesen letzten Klassiker." An Goethe's Stil hat sich Heine unablässig gebildet, ohne im Mindesten die eigene Ursprünglichkeit aufzugeben, wie die Schaar der blinden Nachahmer.*) Hier wirkte er vielmehr im schönsten Sinne befreiend ein. „Die deutsche Prosa war nämlich", wie Johannes Scherr treffend und fein bemerkt,**) „durch pedantische Nachkünstelei Goethe'scher Muster unsäglich zäh geworden und allmälig gefroren. Börne begann diese kalte Masse mit dem jeanpaulisirenden Stil seiner ersten Periode aufzuthauen — aber erst Heine brachte sie wieder recht in Fluss."

Wir finden Heine sogar in bewusstem Gegensatz zu Börne's Schreibweise; denn in seinem Buch „Ueber Ludwig Börne" (1840) spricht er sich also aus: „... über seinen Stil äusserte sich Rahel, und zwar mit Worten, die Jeder, der mit ihrer Sprache nicht vertraut ist, sehr missverstehen möchte; sie sagte: „Börne kann nicht schreiben, eben so wenig wie ich oder Jean Paul." Unter Schreiben verstand sie nämlich die ruhige Anordnung, sozusagen die Redaktion der Gedanken, die logische Zusammensetzung der Redetheile, kurz jene Kunst des Periodenbaues, den sie sowohl bei Goethe, wie bei ihrem Gemahl so enthusiastisch bewunderte, und worüber wir damals fast

---

*) Wir sahen, wie Heine (1830) Varnhagen gegenüber Manches an Goethe's Altersstil zu rügen fand.

**) „Allgemeine Geschichte der Literatur" v. Dr. J. Scherr (5. Aufl. Stuttgart 1875.) II, 291.

täglich die fruchtbarsten Debatten führten. Die heutige Prosa . . . ist nicht ohne viel Versuch, Berathung, Widerspruch und Mühe geschaffen worden . . . ."
„Ungleich jener grossen Frau, hegte Börne den engsten Widerwillen gegen dergleichen Darstellungsart; in seiner subjectiven Befangenheit begriff er nicht die objective Freiheit, die Goethe'sche Weise und die künstlerische Form hielt er für Gemüthlosigkeit; er glich dem Kinde, welches, ohne den glühenden Sinn einer griechischen Statue zu ahnen, nur die marmornen Formen betastet und über Kälte klagt."*) Sich selbst nennt Heine dann „einen Nachfolger Goethe's, einen Pantheisten von der heitern Observanz", gegen XII, 22. den Börne öffentlich „in den widerwärtigsten Kapuzinerton" verfallen sei, womit auf Börne's Kritik „De l'Allemagne, par Henri Heine"**) angespielt wird. In Heine's Seele kämpften sein Lebelang die Kunstidee und die Freiheitsidee um die Oberhand; oder will man diese Mächte personificieren: Goethe und Börne rangen in ihm, und was er in dem Einen vermisste, fand er in dem Anderen. In seiner Wiege lag, wie er so wahr sagt, die Marschroute für sein ganzes Leben; er musste für die Freiheit kämpfen, da er sich unfrei fühlte. Aber mit gleichem Recht hätte er sagen dürfen, dass Musen und Grazien seine Wiege umschwebten und ihn immer wieder in ihren Bannkreis zogen. Ja, es ist kein Zweifel: ihre Macht blieb die stärkere, denn Heine war zu sehr ihr Liebling, zu

---

*) Vergl. L. Börne's „Fragmente und Aphorismen" No. 21.
**) Reformateur du 30. mai 1835 und Ludwig Börne's Ges. Schrift. (Wien 1868) VII, 139 ff.

sehr ein Dichter, um, wie Börne, den Ernst eines Volkstribunen aufrecht erhalten zu können; bald fehlte ihm dazu „die Kraft der Einseitigkeit", bald auch stand er „auf einer höheren Warte, als auf den Zinnen der Partei."*) So neigte er sich im Ganzen mehr zu Goethe's Kunstidee, wie zu Börne's Freiheitsidee, und aus dem Zwiespalt dieser beiden Zeitrichtungen, den er selbst klarsehend verkündete, erwuchs ihm nicht zum Geringsten, so viele Triebfedern auch sonst dazu mitwirken mochten, seine eigenste Befähigung, er wurde Deutschlands grösster Satiriker. Weil er nun eine so scharfe Geissel allzeit bereit hatte, ist es besonders beachtenswerth, dass er, sogar im höchsten Zorn gekränkter Selbstliebe, mit Goethe schonender umging, wie mit A. W. v. Schlegel, Graf Platen, W. Menzel, L. Börne und Anderen, die ihn verletzt hatten. Er verehrte und bewunderte in Goethe, dem grössten Lyriker der Welt, seinen eigenen Meister, und darum fand Börne's tiefer Goethehass keinen Wiederhall in seinem Herzen. Das Vorherrschen der Kunstidee machte Heine zum echten Deutschen und brachte ihm den Kranz der Unsterblichkeit ein. „Börne ist todt", ruft Heinrich von Treitschke**) schwungvoll

---

*) Hiermit soll indessen nicht gesagt sein, dass Heine nicht jederzeit nach Kräften bestrebt gewesen sei, in Deutschland politisches Leben zu wecken. Im October 1849 seufzt er über die laue Stille der Reaction (XVIII, 161):

„Es knallt. Es ist ein Fest vielleicht
Ein Feuerwerk zur Goethefeier!" —

In dem Punkt blieb er ganz Anti-Goetheaner.

**) Heinrich von Treitschke „Ein Wort über unser Judenthum." Berlin, 1880. — S. 22 u. 23.

aus, „seine Gedanken sind überwunden*), seine Schriften liest Niemand mehr ausser den Fachgelehrten. Heine lebt und wird leben. Warum? Nicht blos weil Heine eine ungleich reichere Natur war als Börne, nicht blos, weil die Dichtnng eine zähere Lebenskraft besitzt als die Schriften des Publicisten, sondern vor Allem, weil Heine weit mehr ein Deutscher war als Börne. Heine's unsterbliche Werke sind wahrhaftig nicht jene internationalen Witze, um derentwillen er le seul poète vraiment parisien genannt wurde, sondern die schlichtweg deutsch empfundenen Gedichte: so die Loreley, dies echte Kind deutscher Romantik, so jene herrlichen Verse: „Schon tausend Jahr aus Graecia",**) die noch einmal Alles zusammenfassten, was die Deutschen seit Winckelmann's Tagen über die Schönheit der hellenischen Welt gesungen und gesagt hatten. Heine ist sogar in seiner Sprache, wie alle unsere grossen Schriftsteller, nicht ohne einen leisen landschaftlichen Anklang. Wie Goethe den Franken, Schiller den Schwaben nicht verläugnen kann, wie Lessing und Fichte, so grundverschieden unter sich, doch Beide unverkennbar Obersachsen sind, so zeigt sich Heine, wo seine Kraft rein zu Tage tritt, als der Sohn des Rheinlands. Börne hingegen redet jene abstracte journalistische Bildungssprache, die wohl glänzen und blenden kann, doch niemals wahrhaft mächtig, niemals wahrhaft deutsch ist; ihr fehlt der

---

*) NB.: Nachdem viele dieser Gedanken sehr fruchtbar gewesen sind.

**) „Wohl tausend Jahr' aus Graecia" beginnt die letzte Strophe des zweiten Abschnitts von Heine's „Der Apollogott." Ges. Werke XVIII, 48.

Erdgeruch, die ursprüngliche Kraft; die Worte sinken nicht in des Hörers Seele."

War also Heine auch eine ursprüngliche Dichternatur, so steht er doch mit seiner Kunst auf Goethe'schem Boden. Er lernte als Dichter besonders von ihm, sich in der Weise des Volksliedes klar und prunklos auszudrücken; aber auch für pomphafte Wirkungen übte er an Goethe sein Ohr. In Heine's „Gedanken und Einfälle" findet sich nämlich die feinsinnige Bemerkung: „Seltsame, fremdgrelle Reime sind gleichsam eine reichere Instrumentation, die aus der wiegenden Weise ein Gefühl besonders hervortreten lassen soll, wie sanfte Waldhornlaute durch plötzliche Trompetentöne unterbrochen werden. So weiss Goethe die ungewöhnlichen Reime zu benutzen zu grell barocken Effekten, auch Schlegel und Byron — bei Letzterem zeigt sich schon der Uebergang in den komischen Reim. Man vergleiche damit den Missbrauch der fremdklingenden Reime bei Freiligrath, die Barbarei beständiger Janitscharenmusik, die aus einem Fabrikantenirrthum entspringt. Seine schönen Reime sind oftmals Krücken für lahme Gedanken."

Heine war auch darin ganz Goetheaner, dass es ihm trotz seines Reichthums an Reimen garnicht darauf ankam, gelegentlich sehr unreine Reime zu geben, die heutzutage verpönt wären.

„Ein reiner Reim wird wohl begehrt,
Doch den Gedanken rein zu haben,
Die edelste von allen Gaben,
Das ist mir alle Reime werth."

Diesem Goethe'schen Kernspruch folgte er durchaus in seinem Dichten. Wie Goethe war Heine sorgfältig bemüht, dem Vers die höchste Vollendung zu geben, jedoch ihre Feile wurde nicht ängstlich und kleinlich. Auch in tieferem Bezuge gleichen sie sich. In der Grundstimmung ihrer Poesie waren Beide Natursymboliker. „Goethe", sagt Heine in „Gedanken und Einfälle", zeigt das Wechselverhältniss zwischen Natur und Mensch; Schiller ist ganz Spiritualist, er abstrahiert von der Natur, er huldigt der kantischen Aesthetik." So bieten sich ausser den hörbaren Anklängen an Goethe mannigfache innere Anknüpfungspunkte an des Altmeisters Lyrik bei seinem grössten Nachfolger. [XIII, 328.]

Wenden wir uns zurück zu Heine's Werken in ihrer Gesammtheit, so finden sich auch noch in den vierziger und fünfziger Jahren bis zum Ende seines Schaffens zahlreiche Hinweise auf Goethe in der Form von Citaten, Travestien und unbewussten Anklängen. In seiner „Lutetia" (Paris, 22. 5. 1841) spricht er von dem „bedrohlichen Staatsuntergangssturm", den in England die Korngesetze heraufbeschworen, und ruft aus: „Aber fürchte dich nicht, Sohn Albions, [IX, 277.]
„Kracht's auch, bricht's doch nicht,
Bricht's auch, bricht's nicht mit dir!"'"
Goethe's Verse aus dem Gedicht „Muth", früher „Eislebenslied" genannt, werden hier ungenau aus dem Gedächtniss angeführt.*)

Ueber Eduard Gans' Abfall von dem „Verein für Kultur und Wissenschaft des Judenthums" schreibt Heine in den „Denkworten" auf „Ludwig Marcus" (Paris, 22. 4. 1844): . . . . „den trübsinnigen Ausspruch des Dichters (im zweiten Theile des „Faust"): [XIV, 192.]

---

*) Bei Goethe heisst es: „Kracht's gleich . . ." und „Bricht's gleich . . ." —

„Alt ist das Wort, doch bleibet hoch und wahr der Sinn,
Dass Scham und Schönheit nie zusammen, Hand in Hand,
Den Weg verfolgen über der Erde grünen Pfad.
Tief eingewurzelt wohnt in beiden alter Hass,
Dass, wo sie immer auch des Weges sich
Begegnen, jede der Gegnerin den Rücken kehrt" —
dieses fatale Wort müssen wir auch auf das Verhältniss der Genialität zur Tugend anwenden, diese beiden leben ebenfalls in beständigem Hader, und kehren sich manchmal verdriesslich den Rücken."

Goethe's „Erlkönig" wird im „Wintermärchen" (1844) scherzend benutzt, indem Heine zu den heiligen XVII, 144. drei Königen spricht:

„Und weicht ihr nicht willig, so brauch' ich Gewalt;"
während er Hammonia singen lässt:

XVII, 205.
„Es ist ein König in Thule, der hat
Ein'n Becher, es geht ihm Nichts drüber,
Und wenn er aus dem Becher trinkt,
Dann gehen die Augen ihm über . . .",

eine Travestie, die der Spötter fast wörtlich in seinen XVII, 234. „Zeitgedichten" (1839—1840) wiederholt.

Von seinem peinvollen Krankenlager schreibt der zu einem persönlichen Gott, nicht aber zur Kirche bekehrte Heine an Georg Weerth die erbitterten Worte XXII, 235. (Paris, 5. 11. 1851): „dass diese und jene Herren sich einbildeten, er sei ein Betbruder geworden." Und dann fügt er, mit Anspielung auf die Worte des Erdgeistes zu Faust,*) „Du gleichst dem Geist, den du begreifst," die derbe Erklärung hinzu: „Sie begreifen nur die Mistgeschöpfe, denen sie gleichen, wie Goethe sagt, den ich um seinen göttlichen Namen beneide."

---

*) Th. I, Sc. 1.

Ueber den „alten Cotta" schreibt Heine (Paris, XXII, 273-4. 26. 3. 1852) an dessen Sohn: „Das war ein Mann, Der hatte die Hand über die ganze Welt! so ungefähr, glaube ich, äussert sich der Schneider Jetter über Karl V. in Goethe's Egmont." Das Gedächtniss des kranken Dichters täuschte sich nur wenig: im ersten Aufzug des „Egmont" sagt der Invalide Ruysum von Karl V.: „Das war ein Herr! Er hatte die Hand über den ganzen Erdboden."

In den „Geständnissen" (Winter 1853—54) sagt XIV, 256. Heine von den Pariserinnen: „Die Neuheit des Genres ist der Hexentrank, welcher auf jeden Deutschen, der zum ersten Mal nach Paris kommt, denselben Zauber übt" . . . und er citiert dazu die Schlussworte des Mephistopheles in der Hexenküche:

„Du siehst mit diesem Trank im Leibe
Bald Helenen in jedem Weibe" . . .

mit dem irrigen Zusatz, „dass sie „Mephistopheles' spricht, indem er Faust den Hexentrank überreicht." Genaues Citieren war niemals Heine's starke Seite. — Weiterhin in den „Geständnissen" verwendet er Goethe's XIV, 326. Gedicht „Rechenschaft", in welchem es heisst:

„Nur die Lumpe sind bescheiden,
Brave freuen sich der That."

„Ich will," sagt er, „nicht mit der falschen Bescheidenheit, welche die Lumpen erfunden, meinen Dichterruhm verleugnen. Keiner meiner Landsleute hat in so frühem Alter, wie ich, den Lorber errungen, und wenn mein Kollege Wolfgang Goethe wohlgefällig davon singt, „dass der Chinese mit zitternder Hand

Werthern und Lotten auf Glas male,*) so kann ich, soll doch einmal geprahlt werden, dem chinesischen Ruhm einen noch weit fabelhafteren, nämlich einen japanischen entgegensetzen" . . . und er erzählt, wie seine Gedichte in japanischer Uebersetzung „das erste europäische Buch gewesen, das in japanischer Sprache erschienen."**) — So scherzt Heine auch in einem Brief an J. Campe (Paris, 15. 4. 1854) über seine eigene Poeteneitelkeit und sagt: „in solchem Gefühl der Eitelkeit würde Wolfgang Goethe einem Ludwig Wiehl nicht nachstehen." Er wählte hier den grössten und den kleinsten Namen, um die Wirkung möglichst zu steigern und sich lächelnd zu entschuldigen.

Wenngleich Heine ebenso bewundernd zu Goethe's Grösse hinaufsah, wie Goethe zu der Shakespeare's, so beanspruchte er doch von seinem Verleger Campe dieselbe achtungsvolle Behandlung, die Goethe bei Cotta gefunden. Er schreibt ihm daher von seinem Schmerzenslager (Paris, 2. 5. 1854): „. . . in Bezug auf meine Klagen über Sie sind Sie im Irrthum; sie betreffen nicht so sehr Geldinteressen, als Ambitions- und Gefühls-Interessen. Ich will nicht behandelt sein als ein Rekrut. Als Sie hier bei mir waren, und ich Ihnen offerierte, meinen „Romancero" erst zu lesen, ehe Sie ihn mir abkauften, sagten Sie zu mir: „Sie

---

*) „Epigramme. Venedig 1790." No. 35. V. 8:
„Doch was fördert es mich, dass auch sogar der Chinese malet, mit ängstlicher Hand, Werthern und Lotten auf Glas?"

**) Die japanische Uebersetzung von Heine's „Buch der Lieder" wurde gegen Ende der dreissiger Jahre in Nangasaki gedruckt und in der englischen Review von Calcutta besprochen. Vgl. A. Strodtmann, Heine's Leben. 1869. Th. II, 5. 612.

können nichts Schlechtes schreiben, und Sie brauchen mir nur ein Buch und Ihren Namen dabei zu geben." So, liebster Campe, stand auch das Verhältniss zwischen Cotta und Goethe, obgleich der Letztere manches Schwache gab. Er liess sich nie ein auf Buchhändler-Kritik."

Es bleibt uns nun noch übrig, darzulegen, was Heine gelegentlich seiner Dichtung „Der Doktor Faust, ein Tanzpoem; nebst kuriosen Berichten über Teufel, Hexen und Dichtkunst (1847)" in Bezug auf Goethe und dessen „Faust" verlauten liess.*)

Das „Tanzpoem" verfasste Heine für das königliche Theater in London, an dessen Direktor, Benjamin Lumley, er (Paris, 27. 2. 1847) über den Stoff und die hinzugefügten Anmerkungen schreibt:

„Meine Brochüre müsste für Diejenigen, die nur den Goethe'schen „Faust" kennen, sehr interessant sein. Ich werde sie daher später einmal in deutscher Sprache herausgeben, jedoch in erweiterter Gestalt und mit einigen gelehrten Erläuterungen, damit ich nicht dem Tadel unserer hochweisen Faustologen verfalle . . ."

„Es wird Ihnen angenehm sein, zu gewahren, welche Mühe ich mir gegeben, um den Leuten begreiflich zu machen, dass Sie den wirklichen Faust der Legende vorführen."

In der „Einleitenden Bemerkung" zum „Tanzpoem" (1851) spricht Heine darauf folgendermaassen über die Faustsage:

---

*) Zu vergleichen ist, was der noch gesunde Heine 1833 in „Ueber Deutschland" (VI., 91.—94) vom „Faust" sagte. Darin findet sich kein grämlicher Zug.

„Wie verschieden auch die Versionen, die sich im Laufe der Zeit, besonders durch das Improvisieren, gebildet, so blieb doch das Wesentliche unverändert, und einem solchen Puppenspiele, das Wolfgang Goethe in einem Winkeltheater zu Strassburg aufführen sah, hat unser grosser Dichter die Form und den Stoff seines Meisterwerks entlehnt. In der ersten Fragment-Ausgabe des Goethe'schen Faustes ist Dieses am sichtbarsten, diese entbehrt noch die der Sakontala entnommene Einleitung und einen dem Hiob nachgebildeten Prolog, sie weicht noch nicht ab von der schlichten Puppenspielform, und es ist kein wesentliches Motiv darin enthalten, welches auf eine Kenntniss der älteren Originalbücher von Spiess und Widman schliessen lässt."

VII, 163-66. In den erwähnten „Erläuterungen" weist der Dichter dann darauf hin, dass „unser grosser Wolfgang Goethe, und gar in seinem grössten Meisterwerke" denselben Stoff bereits behandelt habe und dass er „das ganze Arsenal der redenden Künste zu seiner Verfügung" hatte. „Er gebot über alle Truhen des deutschen Sprachschatzes, der so reich ist an ausgemünzten Denkworten des Tiefsinns und uralten Naturlauten der Gemüthswelt, Zaubersprüche, die im Leben längst verhallt, gleichsam als Echo in den Reimen des Goethe'schen Gedichtes wiederklingen und des Lesers Phantasie so wunderbar aufregen!

Er, Heine, dagegen „wirke nur durch ein mageres Libretto" mit kurzer Andeutung „wie Tänzer und Tänzerinnen sich gehaben und gebärden sollen" und wie er sich „dabei die Musik und die Dekorationen ungefähr denke". „Und dennoch habe ich es gewagt"

— schreibt er, zugleich lächelnd und seufzend, — „einen Doktor Faustus zu dichten in der Form eines Ballets, rivalisierend mit dem grossen Wolfgang Goethe, der mir sogar die Jugendfrische des Stoffes weggenommen, und zur Bearbeitung desselben sein langes blühendes Götterleben anwenden konnte, — während mir, dem bekümmerten Kranken . . . nur ein Termin von vier Wochen gestellt ward, binnen welchem ich mein Werk liefern musste."

Es überrascht nun zu sehen, wie Heine, durch die Luft der Krankenstube beeinflusst, Goethe der Skepsis anklagt und sich dagegen für einen beinahe Gläubigen, wenigstens für einen Pietätsvolleren hält. Er fährt fort: „Die Grenzen meiner Darstellungmittel konnte ich leider nicht überschreiten, aber innerhalb derselben habe ich geleistet, was ein braver Mann zu leisten vermag, und ich habe wenigstens einem Verdienst nachgestrebt, dessen sich Goethe keineswegs rühmen darf; in seinem Faustgedichte nämlich vermissen wir durchgängig das treue Festhalten an der wirklichen Sage, die Ehrfurcht vor ihrem wahrhaftigen Geiste, die Pietät für ihre innere Seele, eine Pietät, die der Skeptiker des achtzehnten Jahrhunderts (und ein solcher blieb Goethe bis an sein seliges Ende) weder empfinden noch begreifen konnte! Er hat sich in dieser Beziehung einer Willkür schuldig gemacht, die auch ästhetisch verdammenswerth war und die sich zuletzt an dem Dichter selbst gerächt hat. Ja, die Mängel seines Gedichts entsprangen aus der Versündigung, denn indem er von der frommen Symmetrie abwich, womit die Sage im deutschen Volksbewusstsein lebte, konnte er das Werk nach dem neuersonnenen ungläubigen Bauriss nie ganz ausführen, es ward nie fertig, wenn man nicht etwa jenen lendenlahmen zweiten Theil des Faustes, welcher vierzig Jahre später erschien, als die Vollendung des ganzen Poems betrachten will. In diesem zweiten Theile befreit Goethe den Nekromanten aus den Krallen des Teufels, er schickt ihn nicht zur Hölle, sondern lässt ihn triumphierend einziehen ins Himmelreich unter dem Geleite tanzender Englein, katholischer Amoretten, und das schauerliche Teufelsbündniss, das unsern Vätern so viel haarsträubendes Entsetzen einflösste, endet wie eine Farce, — ich hätte fast gesagt: wie ein Ballet."

Gegen die gedrängte Kraft des ersten Theiles konnte freilich dem Dichter Heine der zweite Theil des „Faust" in seiner behaglichen Breite „lendenlahm" erscheinen. Auch dass ihm Goethe's Abweichen von der Sage, Faust's Himmelfahrt, störend war, darf nicht Wunder nehmen, da Heine sein eigenes Leben so unharmonisch ausklingen sah. Die Grundidee des zweiten Theiles:

„Wer immer strebend sich bemüht,
Den können wir erlösen."

fand der Unselige in sich zu wenig verwirklicht, um nicht Faust's von der Sage überliefertes höllisches Ende ernstlich zu vermissen; während Goethe in solcher Erlösung seine erhabene Seelenruhe schön darstellte.

VII, 187. In seinen „Erläuterungen" sagt Heine ferner: „Da die meisten Volksbücher über Faust aus dem Widman'schen Werke entstanden, so geschieht darin von der schönen Helena nur kärgliche Erwähnung, und ihre Bedeutsamkeit konnte leicht übersehen werden. Auch Goethe übersah sie anfänglich, wenn er überhaupt, als er den ersten Theil des Faust schrieb, jene Volksbücher kannte und nicht blos aus den Puppenspielen schöpfte."

Heine übersah vielmehr hier, dass allerdings die Helena in den Puppenspielen auftrat und dass Goethe gerade über diese Gestalt (22. 10. 1826) an W. v. Humboldt schrieb: „Es ist eine meiner ältesten Konceptionen, sie ruht auf der Puppenspiel-Ueberlieferung . . . ."

„Erst vier Decennien später",*) fährt Heine fort, „lässt er auch die Helena auftreten, und in der That, er behandelte sie con amore. Es ist das Beste, oder vielmehr das einzig Gute, in besagtem zweiten Theile in dieser allegorischen und labyrinthischen Wildniss, wo jedoch plötzlich auf erhabenem Postamente ein wunderbar vollendetes griechisches Marmorbild sich erhebt und uns mit den weissen Augen so heidengöttlich liebreizend anblickt, dass uns fast wehmüthig zu Sinne wird. Es ist die kostbarste Statue, welche jemals das Goethe'sche Atelier verlassen und man sollte kaum glauben, dass eine Greisenhand sie gemeisselt."**) Und nun verfällt Heine wieder in den Fehler über dem greisen den jugendlichen Goethe zu vergessen, indem er meint:

„Sie ist aber auch vielmehr ein Werk des ruhig besonnenen Bildens, als eine Geburt der begeisterten Phantasie, welche letztere bei Goethe nie mit besonderer Stärke hervorbrach, bei ihm ebenso wenig, wie bei seinen Lehrmeistern und Wahlverwandten, ich möchte

---

*) Heine wusste nicht, dass Goethe schon 1780 seine „Helena" weit gefördert hatte.
**) Vergl. den Brief an Merckel 11. 9. 1827, worin schon Goethe's „Helena" von Heine hochgestellt wird.

fast sagen: bei seinen Landsleuten, den Griechen. Auch diese besassen mehr harmonischen Formensinn als überschwellende Schöpfungsfülle, mehr gestaltende Begabniss als Einbildungskraft, ja, ich will die Ketzerei aussprechen, mehr Kunst als Poesie." Weiterhin heisst es dann: „Ich habe über den zweiten Theil des Goethe'schen Faustes etwas mürrisch abgeurtheilt, aber ich kann wirklich nicht Worte finden, um meine ganze Bewunderung auszusprechen über die Art und Weise, wie die schöne Helena darin behandelt ist. Hier blieb Goethe auch dem Geiste der Sage treu, was leider, wie ich schon bemerkt, so selten bei ihm der Fall, ein Tadel, den ich nicht oft genug wiederholen kann. In dieser Beziehung hat sich am meisten der Teufel über Goethe zu beklagen. Sein Mephistopheles hat nicht die mindeste innere Verwandtschaft mit dem wahren „Mephostophiles", wie ihn die älteren Volksbücher nennen. Auch hier bestärkt sich meine Vermuthung, dass Goethe letztere nicht kannte, als er den ersten Theil des Faustes schrieb. Er hätte sonst in keiner so säuisch spasshaften, so cynisch skurrilen Maske den Mephistopheles erscheinen lassen. Dieser ist kein gewöhnlicher Höllenlump, er ist ein „subtiler Geist", wie er sich selbst nennt, sehr vornehm und nobel und hochgestellt in der unterweltlichen Hierarchie, im höllischen Gouvernement, wo er einer jener Staatsmänner ist, woraus man einen Reichskanzler machen kann." —

Wie ist es nur möglich, dass Heine jetzt in Goethe's Mephistopheles den „subtilen Geist" vermisste und dessen Cynismus verdammte? Der eigene Scharfsinn war ihm denn doch in seiner Körperzerrüttung einigermaassen abhanden gekommen,*) so viele glänzende Geistesblitze und ergreifende Herzenslaute auch sonst noch aus seiner „Matratzengruft" emporstiegen. Dabei aber war sich Niemand über diesen geistigen Verfall klarer als er selber. Schon als seine Leiden noch nicht ihren Höhepunkt erreicht hatten, schrieb er in der „Berichtigung" (an die Spener'sche Zeitung. Paris, 15. 4. 1849): „Ich bin kein göttlicher Bipede mehr; ich bin nicht mehr der „freieste Deutsche nach Goethe", wie mich Ruge in gesunderen Tagen genannt hat, ich bin nicht mehr der grosse Heide No. II, den man mit dem weinlaubumkränzten Dionysos verglich, während man meinem Kollegen No. I den Titel eines grossherzoglich weimar'schen Jupiters ertheilte; ich bin kein lebensfreudiger, etwas wohlbeleibter Hellene mehr, der auf trübsinnige Nazarener heiter herablächelte — ich bin jetzt nur ein armer, todtkranker Jude, ein abgezehrtes Bild des Jammers, ein unglücklicher Mensch!" [XXII, 162.]

Mit diesem Aufschrei des Schmerzes über sein elendes Hinsterben im Vergleich zu Goethe's schönem Scheiden nach einem „blühenden Götterleben" müssten wir Heine's Kundgebungen gar traurig schliessen, wenn sich nicht noch in seinem Nachlasse ein frischer Vers fände, der einen Anklang an jene Goethe'schen Worte enthält:

---

*) VII., 107 und 109 spricht Heine gerade von der „verdammten Logik" des Teufels im älteren Puppenspiel und bei Goethe, und er erblickt mit Behagen „Etwas Cynisches" in ihm. Diese Erkenntniss stammt aber aus dem Jahre 1834, Heine's Blüthezeit.

> „Da die dummen Eingeengten
> Immerfort am stärksten pochten,
> Und die Halben, die Beschränkten
> Gar zu gern uns unterjochten",

welche im „Buch des Unmuths" seines „Divan" zu finden sind. Heine nämlich singt:

> „Zur Notiz."
> „Die Philister, die Beschränkten,
> Diese geistig Eingeengten,
> Darf man nie und nimmer necken.
> Aber weite, kluge Herzen
> Wissen stets in unsren Scherzen
> Lieb' und Freundschaft zu entdecken.

Heine wird oft liebloser beurtheilt, als es ihm zukommt, weil Wenige sich bemühen, seinen Entwickelungsgang zu begreifen. Als ein Beitrag zur Kenntniss seiner zwar problematischen, aber doch zu enträthselnden Natur mag die vorliegende Untersuchung seines Verhältnisses zu Goethe dienen. Ihm schob sich die eigene Person mit ihren Bestrebungen allzu häufig in den Vordergrund, als dass er im Stande gewesen wäre, Goethe's Gestalt überall klar wiederzuspiegeln. Wo es ihm aber gelang, unbefangen über den „grossen Meister" zu urtheilen, da geschieht es mit so warmen, begeisterten Worten, dass Goethe's Manen dem schwer Geprüften die Hand der Versöhnung nicht vorenthalten werden.